大夏书系·与大师同行

TEACH
FOLLOWING
B·A·Cyxomjnhcknn

闫学————著

— 2版 —

跟苏霍姆林斯基
学当老师

华东师范大学出版社
ECNUP
全国百佳图书出版单位

图书在版编目（CIP）数据

跟苏霍姆林斯基学当老师／闫学著 . —2 版 . —上海：华东师范大学出版社，2016
ISBN 978-7-5675-5854-0

Ⅰ . ①跟 ...　Ⅱ . ①闫 ...　Ⅲ . ①苏霍姆林斯基（Suhomlinskii, Vasilii Aleksanlrovich 1918-1970）—教育思想—文集　Ⅳ . ① G40-095·12

中国版本图书馆 CIP 数据核字（2016）第 274829 号

大夏书系·与大师同行

跟苏霍姆林斯基学当老师（第 2 版）

著　　者	闫　学	
策划编辑	李永梅	
审读编辑	任媛媛	
封面设计	奇文云海·设计顾问	

出版发行　华东师范大学出版社
社　　址　上海市中山北路 3663 号　邮编　200062
网　　址　www.ecnupress.com.cn
电　　话　021 - 60821666　　行政传真　021 - 62572105
客服电话　021 - 62865537
邮购电话　021 - 62869887　　地址　上海市中山北路 3663 号华东师范大学校内先锋路口
网　　店　http：//hdsdcbs.tmall.com

印　刷　者　北京密兴印刷有限公司
开　　本　700×1000　16 开
插　　页　1
印　　张　14.5
字　　数　168 千字
版　　次　2017 年 1 月第二版
印　　次　2024 年 5 月第十二次
印　　数　33 101–34 100
书　　号　ISBN 978-7-5675-5854-0 / G·9935
定　　价　39.80 元

出 版 人　王　焰

（如发现本版图书有印订质量问题，请寄回本社市场部调换或电话 021-62865537 联系）

我向一年级学生和毕业生提出我最终的愿望：在回忆起学校的铃声和你的课桌时；在回忆起教科书和肃静的课堂时，要让那激动和崇敬的感情一辈子保留在你的心里。在长大成人之后路过学校时，你们要摘下帽子，带着爱恋和感激的深情，怀念在学校里度过的岁月。

——瓦·亚·苏霍姆林斯基

目　录

第二辑　教育就是提高免疫力

第三辑　以天地为课堂

第四辑　用一辈子备一节课

第五辑　世界上的一切都与你有关

再版自序　为了爱孩子，我们做教师

如果生命可以重来，如果可以重新选择，如果不是命运的偶然安排，如果我能够突破现实的种种局限，如果有人问我——你是否还会做教师，如果我的回答必须是诚实的，那么，我会给出很多答案，但其中必定有一个答案：我还是会选择做教师。

我愈来愈坚信，做教师是世界上最美好的事情之一。你可以继续做梦，它不会妨碍你继续做梦，但终有一天你会发现，正是做教师使你的梦插上了翅膀，你因此有了别人没有的幸运——你看到的那个世界是如此复杂而单纯，绚丽而澄明。

很多年前，那个懵懵懂懂的女孩刚走出校门又踏进了校门，她由一个爱做梦、爱看电影、爱打扮、爱写诗的女孩变成了教师。教师工作的繁杂和与此俱来的茫然，使她对自己产生了深深的怀疑。可是，很幸运地，她读到了一本书，遇见了一个人。那是《给教师的建议》，作者是一个叫苏霍姆林斯基的教师。

这是她教师生涯中最重要的一次遇见。她第一次看到世界上竟有这样的教育，这样的教师，她第一次发现教育是如何作为一种信仰融入一个人的生命，她第一次意识到做教师原来是一件美好的事情。她又重新开始做梦，她想做一个像苏霍姆林斯基那样的教师！

那个女孩就是我。

直到今天，在我做教师的这些年里，在反复阅读了苏霍姆林斯基的著作，研究了苏霍姆林斯基的教育思想体系，甚至在写完了这本《跟苏霍姆林斯基学当老师》的书之后，我依然为自己当初的遇见——更为这些年在研读苏霍姆林斯基的过程中那些不断的遇见，而备感惊喜和幸运。作为一名教师，我从来没有设想过世界上竟有这样的语言教学——

在河岸边，在田野里，在夜间的篝火旁，在灿烂的星空下，在淅沥的秋雨中，在大雪纷飞的冬夜，老师教给孩子们怎样用恰当的词汇说出他们的观察和思想。他们曾经饶有兴味地观察一棵覆盖着白雪的松树，发现了它在晚霞的照耀下魔术般的色彩变幻：时而呈淡淡的粉红色，时而变为橘红色，一会儿又呈绛红色，然后又变为紫蓝色……孩子们兴致勃勃地编起了小诗描绘眼前的景象，他们用自己的语言和神奇的想象展现了丰富的精神世界。

教育可以这样做吗？教师可以这样做吗？苏霍姆林斯基就是这样做的。这是他的"蓝天下的学校"，也是他的"快乐学校"，他就是在这样的学校里做教育、做教师的。

对于今天的我们来说，这是一个美好的理想，但又并非是遥远的乌托邦，因为它曾经在这个世界上实实在在地存在过。如果说这些年我在教育这条路上从来没有停下过奔跑的脚步，那是因为苏霍姆林斯基和他的教育思想已经成为力量的源泉，它在我的内心深处涌动，促使我不停地尝试、反思、否定、认可、打破、建设……我想试试，作为一个中国教师，在当下的教育大背景下，做教育、做教师能做到什么程度。与苏霍姆林斯基在 20 世纪中叶的乌克兰创造的那个教育奇迹相比，我们还有很大的距离。

其实，当我们回到人本身，就会发现教育的过程虽然面临种种困难，但教育的目的应该是十分单纯的，那就是一切着眼于人的发展。在苏霍姆林斯基庞大而完整的教育体系中，有一个根本核心，那就是"人"。因此，他提出了培养全面和谐发展的人的理论。只要我们心中有"人"，只要我们把人的全面和谐发展放在第一位，就能突破当下种种坚硬的壁垒，就能在这个日益纷繁、喧嚣的世界上找到帮助孩子的办法和途径。

苏霍姆林斯基的文字里浸满了爱，那些用文字记录的岁月里也浸满了爱。他常常用浸满了爱的目光去观察孩子们。对孩子透彻的理解与关爱，对教育全面的洞察与把握，对孩子所生活的这个世界无限的悲悯与同情，使苏霍姆林斯基不仅当之无愧地成为世界教育史的一座灯塔，而且他本身就是一个大写的人。因此，苏霍姆林斯基打动我们的绝不仅仅是他的理论和信念，更有他作为一个可完全信赖的师长、父亲、朋友与一个真正男性的无比高贵的全部质素。

如果说苏霍姆林斯基是一个为了爱孩子而来到这个世界上的人，那么，对于今天的我们，也当是——

为了爱孩子，我们做教师。

从遇见苏霍姆林斯基与追随苏霍姆林斯基的 20 多年里，我做过一线教师，做过教研员，如今又做校长，我还是想说：为了爱孩子，我来做教师。

这本书，是一个教师写下的爱，思考，困惑，迷茫，奋斗，信念，以及从未改变的初心……

闫　学

初版自序　我想做这样的教师

　　一个初秋的日子，苏霍姆林斯基带领孩子们来到田野，他们的面前展现出一派迷人的景象。置身其中，孩子们领略到了一种空旷的美。在这里，他们发现了各种极为微妙的色彩的变幻，聆听了那来自大自然深处的美妙的乐音，他们幻想、惊奇、喜悦，他们创作诗歌，也编写童话，为能够活在这个世上而感到巨大的幸福。苏霍姆林斯基的学生莉达忍不住发出了这样的慨叹：

　　"活着真好啊！"

　　"活着真好啊"，这样的感叹使我感动不已。

　　当一种教育能够让孩子如此热爱生活，热爱这个世界，这种教育就是世界上最美好的教育，也是真正的教育。

　　当一个教师能够帮助孩子用自己的眼睛和心灵发现生活的美，感受到世界的永恒，这样的教师就是真正的教师，也是最优秀的教师。

　　苏霍姆林斯基的教育就是这样的教育，苏霍姆林斯基就是这样的教师。

　　我想从事这样的教育，想做这样的教师。

　　我们今天再读苏霍姆林斯基那些童话般的教育故事，如入梦境一般，但它又是如此真实。一个教师可以这样从事教育！他是孩子们的大朋友，他们永远在一起，快乐、忧伤、激动、愤慨……孩子们知道，他不仅是一位可亲的、与他们有着共同追求与爱好的大朋友，他还是一位可敬、可信赖的师者、父亲。

　　有一个叫塔马拉的女孩，她是苏霍姆林斯基的学生，为了给奶奶祝贺八十大寿，女孩早在几个月前就为奶奶种下了一丛玫瑰。她每天都去看这一丛玫瑰，给它灌溉，施肥，精心地修剪花枝。奶奶过生日的那天早晨，塔马拉来到自己的花坛，她屏住呼吸，小心翼翼地剪着花枝，枝头上正盛开着极其罕见的蓝色花朵，花朵上还有晶莹的露珠。苏霍姆林斯基欣喜地看到了这一幕，记下了这一幕：

> 姑娘的眼里闪耀着欢乐的光芒。这熠熠的光芒永远留驻在我的心坎。我爱这姑娘，正是爱她在那个多露的早晨我看到的模样。

我能感受到那一刻苏霍姆林斯基内心的激动，我也深深地爱这姑娘。在她的眼睛里，我们看到了劳动的巨大的教育力量，这是一种精神的培育。而这，是苏霍姆林斯基教育体系中十分重要的一部分。

我想从事这样的教育，想做这样的教师。

这本书，记录的正是一些这样的思考。

闫　学

第一辑

教师的智慧是照亮前方

教师的智慧是照亮前方

　　大数学家苏步青先生曾以十分感激的口吻，回忆在日本留学时师从著名几何学家洼田忠彦教授的那段经历。这位教授对他的要求非常严格。有一次苏步青有一道几何题做不出来，就向洼田教授请教。教授却没有正面回答他的问题，只给他推荐了一本书——沙尔门·菲德拉的《解析几何》——让苏步青阅读。苏步青面对这本足有两千页的厚厚的大书，不由得埋怨老师不肯具体指导，又发愁这本书何时才能读完。等终于硬着头皮啃完了这本书，苏步青才发现，他不仅自己解决了当初的难题，而且更重要的是，他掌握了终生有用的基础知识。

　　洼田教授对苏步青的指导，似乎不曾用什么方法，面对学生的难题，他只是推荐阅读书目，让学生自己去解决。仔细想来，这就是为师最高的智慧。正如苏霍姆林斯基所说：

　　　　老师的智慧不是堵塞道路，而是开拓道路，照亮一条知识路。[1]

　　苏霍姆林斯基认为，如果教师利用自己的智慧过多地强调孩子们的无知，在他们身上显示作为教师的某种优势，这将是一件十分有害的事。教师的智慧就在于给学生以知识的启迪，引发他对知识的惊奇感，并照亮他寻求知识的道路。

---

[1] 苏霍姆林斯基：《怎样培养真正的人》，蔡汀译，教育科学出版社 1992 年 5 月第 1 版，第 143 页。

曾听一位大学教授回忆他中学时代的数学老师，这位老师就是一个善于照亮学生前方道路的老师。她告诉学生，高考没什么可怕，数学题也没什么难的，只要掌握了一些"母题"，把这些"母题"充分吃透、弄懂，其他题目都是万变不离其宗，一切都可以迎刃而解。老师把自己总结的一些"母题"发给学生，让他们去钻研。学生们对这些"母题"用不同的方法去解答，从不同的角度去考虑，并根据这些"母题"又演变出很多类似的题目，真正做到了老师说的"吃透、弄懂"。高考成绩揭晓后，全班数学成绩极其优异，连当时最害怕数学的学生都考了极高的分数。在羡慕之余，我想，假如我们的老师都能像这位老师一样，那学生是否可以学得不这么辛苦呢？一个教师是否拥有教育教学的智慧，是否能把自己的智慧以恰当的方法用在恰当的地方，是我们今天应该重新思索的问题。

　　许多有卓越成就的学者在求学期间，都遇到过这样的优秀教师。启功先生在回忆他的恩师史学大师陈垣先生时，谈到很多关于陈先生教导学生的事。其中有一件事使我印象深刻：陈先生常常指着某件字画问学生是否知道作者，如果学生知道，陈先生必大为高兴，会提到很多关于这人的问题。如果学生不知道，陈先生则只是指引一点头绪后就不再往下多说，例如只说："他是一个史学家。"之后就不再说什么了。学生们往往自觉羞愧，回去后遍查关于此人的资料，好下次见先生时再讨教。以陈垣先生的学问，他完全可以在学生不知道时把自己了解的知识告诉学生，但他没有这么做，而是点到为止，只给学生提供了一条线索，其他的就要学生自己去寻求。这种教学方法正是苏霍姆林斯基所提倡的给学生照亮一条知识路。

　　我曾认真研究过李玉龙老师执教的小学语文《挑山工》这个课案，我以为比较好地体现了苏霍姆林斯基的这个理念。

　　在文本的理解阶段，也是问题的提出和呈现的阶段，李玉龙老师让学生通过分组讨论各自提出的问题，表达自己对文本的感受。这时，不同的观点开始了碰撞、融合，每个人的理解得到了初步的丰富、扩展。李玉龙老师对问题一一进行了梳理，归纳为"挑山工的工作光荣不光荣？""挑山工身上是否有什么精神？""挑山工到底为了什么而工作？"等等，光看这些问题，就足以令不少教师冷汗涔涔了。但正是这样一个提出问题、呈现问题的环节，使我们看到学生开始了初步的思考，这是智慧的开启，是教学的真正需要，也是教学的意义所在或应该所在。这个环节的意义远非"学生主体"这个概念能涵盖，它让我们看到了教学的源头，没有了这个源头，一切将变成想当然，从而在很多时候我们所做的一切可能毫无价值。而这，正是当下很多"精彩课堂"所忽略的。

文本的争论阶段，是问题的解决阶段，也是这节课惊险迭出的阶段。无限风光在险峰，因为惊险，所以精彩。在讨论挑山工身上到底有没有精神时，我们看到了这样的场面——

生：挑山工完全是因为生活需要，只是一种生活的需要，谈不上什么价值和精神。

师：你认为什么才是有价值的呢？

生：为人民付出有贡献的，才是有价值的，值得我们学习的。

师：为自己就没有价值吗？

生：为其他人更有价值。

师：如果你很饿，前面有一碗饭，你是先给别人吃还是自己吃？

生：自己吃……一人一半……看情况而定……

师：人与人要互相帮助，但是也不要忘了自己。这是一个自己和他人的关系问题，大家不妨结合一些具体的事来想一想。但有一点，你不能侵犯别人的利益，更不能伤害别人。关于挑山工身上有什么精神的问题，老师认为，不能因为他为了自己就说他没有价值，他身上就没有精神。大家下课后还可以思考一下。[1]

只有一碗饭，是给自己吃，还是给别人吃？这是一个两难的选择。李玉龙老师用这样的方式引导学生进行反思，从"自己吃……一人一半……看情

---

[1] http://blog.cersp.com/index/1056677.jspx?articleId=605040。

况而定……"这样的回答中，我们看到了学生内心深处的波澜，他们对以往某些冠冕堂皇却往往令人匪夷所思的说法产生了怀疑，每个人都在追问自己的心灵，都不得不在这样的思考中面对真实的自己。在这样的课堂上，没有人拥有绝对的真理，但都有权利被人理解。所有的解释都将被容纳，同时被反思；所有的想象都将成为可能，同时被质疑。我想，这就是一个教师最大的智慧。

我曾见一些教师在课堂上挥洒自如，他们往往知识比较丰厚，在学生中威信比较高，学生也听得极为专注。但遗憾的是，在这样的课堂上，学生很少主动思考，教师的优势反而成了阻碍、剥夺学生主动思考的屏障。长久下去，学生渐渐丧失了思考的能力，丧失了主动寻求知识、自主解决问题的能力，这恐怕是教师不曾想到的。因此，我们说要丰富教师的底蕴，还应该充分重视这种底蕴究竟是以一种怎样的面貌出现在学生面前的，这种底蕴不仅应是教师的优势，更是教师能够用来照亮学生前方道路的火光。只有这样，才能真正做到为学生的终生发展负责。

保尔·郎格朗在谈到终身教育的重要意义时，对教育当前的第一责任作了这样的确定：组织适当的结构和方法，帮助人在一生中保持他学习的训练的连续性。这里所说的"适当的结构和方法"指的是学生一生的学习所必须具备的能力，而这有赖于教师在教学中就训练学生具备这种能力，比如像陈垣先生和洼田教授，他们通过照亮学生的知识路而使学生养成自主寻求知识的能力。

作为一个伟大的教育家，苏霍姆林斯基的一生，也一直在致力于培养学生的这种能力。他本人便是个知识的迷恋者，也力求把孩子们引到这条道路上去。他带领孩子们阅读文学作品，观察大自然，在劳动中发展特长和培养对知识的爱好。他通过自身对智力生活、对科学的无限忠诚，使孩子们深深地折服。他是一个能够把孩子们引上在真理面前惊奇、惊讶之路的领路人。因此，他多次强调，课堂教学有两项教育任务，一是传授一定的知识，二是启发孩子们对知识的渴望，启发他们努力跳出课堂教学的范围去阅读、研究和思考。其中，对于第一项任务，我们早已达成共识，但对于第二项任务，我们还没有给予足够的重视，而这又恰恰是学生能否获得真正的学习能力和可持续发展能力的关键所在。

纪伯伦在谈到教学这一问题时说："倘若他真有智慧，他不会令你踏进他的智慧之堂，而是领你去你自己心智的门口。"的确，教师的智慧不仅仅是传授一定的知识，教师真正的智慧在于激发学生自己寻求知识的动力，帮助学生寻到通往智慧之堂的门口，在纷繁与迷茫中找到那条知识路，并且照亮它。

课堂是触及理智和心灵的地方

几年前，一位教师朋友曾对我诉说过他的苦恼，他认为自己在教学上非常努力，每次备课都十分精心，可是效果却事与愿违，学生们不喜欢听他的课，上课时心不在焉者有之，做小动作者有之，这让他既苦恼又困惑。我看了看他的教案，没有多大问题，就决定帮助他从课堂上寻找原因。

经过几次听课之后，我找到了答案。我发现这位教师上课时眼睛一直朝上，只有在进行课堂提问的时候，他才偶尔朝学生站起来的方向观望一下，但很快他的视线就又转移到天花板上去了。学生回答完毕之后，他常常没有反馈，就匆匆进入了下一个教学环节。也就是说，他的眼睛大多数时候是看着天花板，而很少与学生进行目光的交流，更谈不上思想的交流。我想这大概就是问题的症结所在。尽管老师的教学设计、教学态度都相当不错，但他满脑子只有自己的教案，只想到让自己能够顺利完成教学环节，却毫不顾及学生是否可以接受，是否愿意接受，从不关注学生的思考，与学生缺少应有的交流，谁又愿意总是听一个这样的人自说自话呢？而且是日复一日，谁又有这样的耐心呢？

我对这位教师坦率地谈了我的发现和想法。他有些半信半疑，不能确定是否这就是他不受欢迎的主要原因。最后，他还是决定试着改变一下。后来，他开始在课堂上有意与学生多作目光交流，并且对学生的发言进行热情的反馈，令人欣慰的是，情况果然渐渐发生了变化。开始时学生们有些惊讶，有些不太理解老师的变化，但渐渐地就开始接受他和他的课了。

后来，我再次走进了这位教师的课堂，情况的确令人振奋。我不仅看到了师生之间目光的交流，而且还看到了在这种交流的背后那种师生之间心灵的撞击。在苏霍姆林斯基看来，教师在课堂上与学生进行思想与心灵的接触，是教师具备教育素养的第一个标志：

> 教育素养这一重要品质的第一个标志，就是教师直接触及学生的理智和心灵。真正具有这种宝贵品质的教师，他的讲课就像在跟学生进行议论。他不是拿真理来进行说教，而是跟青少年一起谈心：他向学生提出问题，吸引他们来一起进行思考。①

苏霍姆林斯基本身是一位十分优秀的文学教师，还任教过数学，更上过无数次针对不同年龄段孩子的不同主题的道德教育课。我们从苏霍姆林斯基描述的这些非常详尽的课例中，可以发现他十分注重教师在课堂上能否激活学生的思维，能否根据学生已有的知识背景与思维发展规律展开教学；他强调课堂教学不是把预先量好、裁好的衣服纸样摆到布上去，一个好的教师应当把握课堂教学发展的逻辑，洞察学生脑力劳动的细微变化，要善于对计划作出适当的改动。真正的优秀教师，他的课堂教学不仅是传递知识，和忠实地复述已经设计好的内容，他更是在直接触及学生的理智和心灵。没有理智和心灵的撞击，教师的教学就变成了知识的灌输，变成了教师在拿真理进行说教，学生成了被动接受知识的容器，成了没有判断能力的、对知识与真理的仰视者和膜拜者。

当有人试图强调知识学习的理性来为自己无视学生心灵进行辩解，苏霍姆林斯基的态度是果决的：

> 请你在任何时候都不要忘记：你面对的是儿童的极易受到伤害的、极其脆弱的心灵，学校里的学习不是毫无热情地把知识从一个头脑里装进另一个头脑里，而是师生之间每时每刻都在进行的心灵的接触。②

---

① 苏霍姆林斯基:《和青年校长的谈话》，赵玮等译，《苏霍姆林斯基选集》第4卷，教育科学出版社2001年8月第1版，第645页。
② 苏霍姆林斯基:《给教师的建议》，杜殿坤编译，教育科学出版社1984年6月第2版，第315页。

原来，学习就是心灵的接触，因为只有心灵方能直达心灵，知识的传授也不能脱离心灵的轨道。当我们把学生看作活生生的人，就会发现在理性与感性之间，并没有我们想象的截然的界限，而是彼此交织，互相穿越，成为人学习知识、认识世界、反思自身的共同疆域。

因此，教师在课堂上要力求触及学生的理智和心灵，这不仅是课堂教学本身的需要，也是教师素养的重要体现。反观我们当下许多教师的课堂，还远远未能达到苏霍姆林斯基所提倡的"直接触及学生的理智和心灵"。以我个人有限的教育教学经验而言，我在课堂上感觉最难的地方正在于此，这也成为我课堂教学追求的目标。

那么，教师如何才能做到在课堂上能够触及学生的理智和心灵呢？苏霍姆林斯基强调，教师要精通自己所教学科的教材。只有精通教材，教师在课堂实施中才能有精力、有能力关注学生的思维与兴趣，才能根据课堂实施的实际情况及时、恰当地调整自己的教学进程。反之，若教师对教材缺乏深入的理解，或者对本学科知识没有更加开阔的视野，教师的课堂教学往往就只能把主要精力放在教材上，放在已经预先设计好的计划中，他与学生的思想与心灵的交流就会随之大大减少。我想，那位总是把眼睛望向天花板的教师，在未能触及学生理智与心灵这一现象的背后，实际上也折射了教师对教材把握的不足，使他的精力只能放在对教材和教学设计本身的思考上。归根结底，还是教师教育素养缺失的问题。

苏霍姆林斯基十分赞成那种谈心般的上课方式。他认为，真正具有教育素养的教师上课时就像与学生进行谈心，教师只不过提出了一个展开讨论的问题，对这一问题的讨论过程就是师生谈心的过程。我以为，这是一种真正的无痕的教育教学方式。经验证明，当学生没有意识到你在教育他、你在教给他学习某种知识，这样的教育教学往往会取得最好的效果，也是教师教育教学技巧的最高体现。

苏霍姆林斯基本人的授课方式正是体现了这一理念。他在备课时总是非常迫切地感到，必须在思想上非常明确自己在同谁说话。只有这种深入心灵的、谈心般的教学方式才能达到预期的教学目的。因此，他提醒教师，要让孩子们忘掉现在是在上课，不要让他们想到，教师在对他们进行教育，在教给他们学习某一种知识。苏霍姆林斯基曾描述了一位校长听一位几何老师上课的情景，说的正是这种高度的教育教学技巧。这位几何教师的课是那样让人入迷，连听课的校长也在不知不觉中与学生一起思考，一起讨论，以至当教师询问学生谁能回答这个问题时，校长竟然举手说："我！"苏霍姆林斯基认为这才是真正的艺术，这就是直接触及了学生的理智和心灵。的确，要达到这样的教学境界，若没有对教材、对本学科知识的精通与开阔的知识背景，是难以想象的。

那么，接下来的问题是，教师如何才能达到这样的教育教学境界，如何才能具备这种对教材、对本学科知识的精通与开阔的知识背景呢？苏霍姆林斯基指出，那就是教师读书。提倡师生读书，是提高教师素养与突破教育教学难点的最重要、最有效的途径之一，也是苏霍姆林斯基反复强调的一个观点。无限相信书籍的力量，是苏霍姆林斯基的教育信条，也是他在写给教师的教育遗嘱中郑重提到的一点。由此，教师读书将最终成为改善自身课堂教学现状的主要依赖。只有这样，课堂才不会成为现成真理的灌输与接受的地方，才会成为人感受自身理智的存在、实现心灵交流的地方。

教师上课就是表现自我

　　教育学者成尚荣先生曾给我一个问卷请我作答，其中一个问题是：你认为名师是否应该有鲜明的教学风格？我的回答是：名师要有自己的教学风格。虽然在教育问题上有一些共性的东西应该遵守，比如尊重学生，开启智慧，激发兴趣等等，但这些不应该成为限制。不仅是名师，每一个教师对教育教学的理解都有不同之处，具体到某一门学科就更是如此。这种不同的理解会造成不同的处理方式，不同的处理方式表现在课堂上就会出现不同的教学面貌。因此，越有思想的老师，在教学上有着自我思考的老师，他的教学风格应该是极其鲜明的。我个人追求一种如茶般幽远芬芳的课堂教学风格，这固然与我自身的性格与志趣有一些关系，我更觉得真正对学生发展有益的课堂应该是能让他静心思考的课堂，在这样的课堂上，教师在耐心地帮助他开启智慧，品味文字，在平等的对话中互相启迪，将思考引向深入。这样的课堂不会有意制造感动，也不会专门营造轻松，它的目的就在于给学生一个能够思考与品味的空间和时间。只有在这样的状态下，课堂才能远离浮躁，远离喧嚣，课堂才能成为学生生命得以成长的地方，成为能够自由呼吸的地方。

　　这里说的仅是教学风格，但教学向来不能与教育工作相分离，用苏霍姆林斯基的话来说，就是教学仅仅是教育这朵花上的一片花瓣而已，因此，对教师来说，不仅是教学应有鲜明的教学风格，教育工作也应该有鲜明的风格。仔细想来，所谓风格是指每一个教师在教育教学上展现的独特的那一部分。其实，不仅是名师要有鲜明的教育教学风格，普通教师也应该有自己的教育教学风格。在帕夫雷什中学，每一个教师都具有鲜明的教育教学风格，而这是基于每一个教师不同的爱好、个性与知识背景。我们从苏霍姆林斯基列举的大量事实中看到了这一点。苏霍姆林斯基在听课时，首先会看教师在生活中最关心的是什么，他在读些什么书，在他的精神生活中书籍占有何种地位，以及他是否时刻关心着科学和文化方面的最新成就。他认为每一个教师在课堂上不仅在向学生打开通往知识世界的窗户，同时他更是在表现自我。而教师在读些什么书，将决定他在课堂上向学生展示的是一种怎样的精神世界。他谈到自己认识的苏联各地的几十位出色的教育行家，感叹道：

> 他们的教育技巧的最主要的特征就是表现自我，即把自己的精神财富展示在学生面前。[①]

优秀教师展现在学生面前的不仅是知识、能力、手段与策略，更是这些东西背后所蕴含的精神财富。

刘鹤守先生在《沙坪岁月》一书中，选入了一篇文章，是刘云回忆重庆南开中学的一位叫孟志荪的语文老师的。令作者深为叹服的是，孟老师在课文的讲解中从不拘泥于已有的，甚至是权威性的注释，而有他自己的观点和自己的心得，还有自己的研究成果。他给学生讲《诗经》，讲先秦诸子，有理有据，极其吸引人，用刘云先生自己的话说就是"天花乱坠"，令人赞叹不已。多年之后，作者还记得孟老师在课堂上点评孔子、孟子和庄子的话："孔子抓住一个仁，孟子抓住一个义，庄子什么也不抓，而他拥抱了全世界。"就是这话，使刘云先生义无反顾地"投入了庄子的怀抱"。而孟老师的另一位学生朱永福在回忆孟老师时，则用"知识渊博""口才雄辩""嬉笑怒骂"等词汇来形容孟老师上课的精彩生动。读了这样的文字，我在感慨之余，常常在想，一个有着鲜明的教育教学风格的教师，他给学生展现的就是一个独特的自我，是一个有着鲜明的教师个人烙印的精神世界。

这些年我接触了不少青年教师，这些教师认真学习、执着追求的精神

---

① 苏霍姆林斯基：《和青年校长的谈话》，赵玮等译，《苏霍姆林斯基选集》第4卷，教育科学出版社2001年8月第1版，第818页。

让我非常佩服。为了成长得更快，他们中的很多人千方百计拜名师为师，各级教育部门也给他们拜师学艺提供了很多支持和帮助。几年下来，这些青年教师的教育教学水平提高很快。但是，我也发现了一些令人担忧的现象。有的青年教师不仅学了名师的教育教学经验，而且事无巨细进行模仿。我认识一位青年教师，拜师学艺几年之后，连走路的姿势、说话的语调都渐渐与他的指导教师极其相似。我想，学名师学到这个份上就有些问题了。记得齐白石先生有一句非常有名的话："学我者生，似我者死。"以此告诫那些完全模仿、生搬硬套别人的人是没有前途的。学画如此，教育教学又何尝不是这样？

我有好多优秀的教师朋友，在听他们上课，揣摩他们的课堂艺术时，我无一例外地发现，他们都具有鲜明的自我特色，在课堂上都向学生展示了丰富而独特的精神世界。有的老师长于书法，他们的粉笔字在学生看来简直就是艺术；有的老师长于朗读，他们在课堂上的范读不仅帮助学生更好地理解了文章内容，而且听来简直就是一种享受；有的老师具备丰厚的文化底蕴，可谓博览群书，在课堂上，旁征博引，挥洒自如，学生完全被他带到了一个无限丰富、阔大的知识海洋。听这些老师的课，我常常会反问自己，这样的课我能上吗？我可以学习他们的经验、长处，但我知道，最终我还是我，我必须在课堂上表现我。也只有表现这个唯一的"我"，我才能成为一个真正意义上的教师。

苏霍姆林斯基的教育教学中总有一个鲜明的"我"，在大量的教育教学案例中，他描述了自己怎样教孩子创作童话、诗歌，孩子们又是怎样专注地听他读书、讲故事，那一幕幕温馨的场景令我神往不已，感喟不已：

> 宽敞明亮的教室坐落在积雪的花园里，暮色苍茫，一片茂密的树林和如茵的草地，树叶在窃窃私语，晚霞夕照——所有这一切都增强了感觉上的美感，也增添了言语的美感。[1]

---

[1] 苏霍姆林斯基：《公民的诞生》，黄之瑞等译，教育科学出版社2002年4月第1版，第175页。

在这样的环境中，苏霍姆林斯基向孩子们展开了一个新奇的精神世界。在一个天黑得很早的 12 月的黄昏，他给孩子们读高尔基的童话《伊席吉尔婆婆》，孩子们认识到邪恶是不可能取得胜利的；在第聂伯河畔庄严肃穆的橡树林里，他给孩子们朗诵普希金的诗歌《我在喧嚣的大街上徘徊》，孩子们被深深地打动了，体会到人的感情的伟大和美、人的欢乐和悲伤、人想认识世界和认识自身的渴望。这不就是这位教育家本人在课堂上表现的自我吗？他不仅是一个教育家，同时又是一个作家、诗人，他正是在自己的课堂上给孩子们打开了一个异常丰富、迷人的精神世界。

我至今记得 2006 年由于我的一个课案而引发的一场争鸣。那是因为《冬阳·童年·骆驼队》课堂实录发表之后，国内中小学语文界关于"知识与人文"的大讨论重新开始。这场争论的两个主角——我和王晓春老师的观点是截然不同的：王老师主张把这节课上成"写作目的和写作方法的辅导课"，应该说以"知识"教学为主；而我则主张此课教学的立足点不在"知识"，而在于感受氤氲在文字中的丰富、唯美的情感内蕴，从而对学生进行人文熏陶。我想，我与王老师之所以会对同样一个文本产生截然不同的教法，一方面是缘于我们对语文教学的理解很不相同，另一方面则是因为我们都试图在这个文本的教学中展现属于自我的智慧与精神。

的确，作为教师，我们应该有意识也应该意识到，我们在教育教学中展现的是自我的智慧与精神。因此，我们每时每刻都应该去丰富自己的精神世界，最终把这完全属于自我的形象展现在学生面前。

让学生喜爱你的学科

在一所小学参观时，我发现让这所学校引以为傲的是一个科学教师带领学生展开的"家庭实验室"这个项目。在这位教师的指导下，许多孩子都在家里进行科学小实验，有的搞科技小发明，有的培育了稀有的花卉品种，有的科学小组甚至造出了非常好用的洗发水。从大量拍摄的照片和录像资料中，我发现这些孩子是那样迷恋这种科学小实验，迷恋于这门在别的学校往往被边缘化的学科，几乎在每一个班里都涌现出好几个小科学爱好者。而这一切，都源于这所学校有一位非常优秀的科学教师。

这位科学教师不仅带动了一门学科，还激发了许多孩子对科学的兴趣，使这些孩子初步尝到了科学探索的乐趣和创造的喜悦。也许他们中的某些人将从这里起步，走上科学研究的道路；也许他们将来会从事别的职业，但是当年在小学阶段所培育出来的那种积极思考、喜爱动手的习惯会让他们受益终身。让孩子爱上自己的学科，在这个学科领域内获得智慧与创造带来的快乐，这是作为教师的成功，是教师值得骄傲的一件事。

想起了丰子恺先生对恩师李叔同的回忆。在当年的杭州师范，李叔同是音乐和图画教师。本来图画与音乐教师在当时是学校教职员中地位最低的，因为在人们眼里这两门学科根本无法与英文、国文和算术相比。但在李叔同任教期间，情况却恰恰相反。据丰子恺先生描述，当时学生们学习图画、音乐比学习任何功课都勤奋，下午四时之后，不但满校都是琴声，而且图画室里也不断有人在练习石膏模型与木炭画，那光景简直就是一所艺术专科学校。当时同在学校任教的夏丏尊先生则感叹图画与音乐"几乎把全校学生的注意力都牵引过去了"。为何会出现这样的情景？丰子恺先生认为这一切缘于李叔同先生极其认真、严肃、献身的教育精神。但夏丏尊先生的看法似乎更全面，他认为一半是缘于李叔同先生在音乐、图画方面的非同一般的雄厚实力，一半也由于李叔同先生的人格感化力巨大。

我想，是因为具有巨大感化力的教育精神也好，还是因为教学实力充足到令学生敬佩也好，作为教师的李叔同先生取得了巨大的成功——他有本事让学生爱上自己的学科。

事实上，每一个优秀教师都非常关注学生是否喜爱自己的学科，并想方设法让学生爱上自己的学科。这是一种积极的教学追求，有这种追求的教师总是让我由衷地钦佩。一个人遇到一个好的老师太重要了。如果能遇到一个可以帮助自己发现自己才能的老师，则是一种幸运。

苏步青先生在回顾自己的求学生涯时，谈到了他的一位中学老师。正是这位杨老师，把当时本来喜爱文史的苏步青引上了数学的研究之路。据苏步青先生回忆，杨老师的数学课十分吸引人，给学生看了不少从日本带回来的数学杂志，讲解那些杂志里的数学知识和习题，这些把年轻的苏步青深深地吸引住了，他对数学产生了强烈的兴趣，几乎把所有能够抽出来的时间都用来钻研数学了。从此，他走上了数学研究之路，直至后来成为一位著名的数学大师。

在苏步青先生的成长道路上，中学时代的这位杨老师起到了非常关键的作用。杨老师使苏步青真正爱上了数学，发现了苏步青卓越的数学才能，并在他的眼前展现了一个非常开阔、迷人的数学天地。我们可以假设：如果苏步青没有遇到这位杨老师，也许这个世界上会多出一个文史爱好者，却失去了一位了不起的数学家。

其实，作为教师，不管他处于哪一个时代，也不管他任教哪一门学科，都没有人不希望学生喜爱自己的学科。但希望归希望，现实中能够让学生真正喜爱自己的这门学科却不是一件容易的事。有一些学生似乎对任何一门学科都不感兴趣，什么知识都不能引起他的关注，对待学习他似乎是个局外人，直到中学毕业，也没有发现他在任何一门学科上表现出优势。也有另一些学生，虽然门门功课优秀，但依然没有自己喜爱的一门学科。后一类学生，他们似乎是无可挑剔的，但正是这样的学生令苏霍姆林斯基感到非常担忧。30多年的经验使苏霍姆林斯基确信，那些门门成绩优秀但却没有一门喜爱的学科的学生，是不懂得脑力劳动的欢乐的平庸之辈，这样的学生与那些成绩差的学生一样让人担心。

不得不说，这是一个非常值得重视的问题，也是以往我们忽略了的问题。我们总是关注学生的成绩是否优异，而对于学生是否已经在学习中获得脑力劳动的欢乐却极少考虑。这是一种教育上的短视与急功近利的行为。苏霍姆林斯基则强调一定要让学生有一门自己喜爱的学科。他认为，如果学生有了一门喜爱的学科，那么就不必为他没有在所有各科上获得优秀的成绩而不安。因为这样的学生在自己喜爱的学科领域内，已经感受到脑力劳动的欢乐，这种欢乐将伴随着他走出校门，促使他在今后的岁月里始终保持这种寻求知识的欲望，他相信自己在这一领域内可以取得成功，这对于他的人生道路将是一个强大的良性刺激。相反，如果学生在毕业走出校门的时候，依然没有自己喜爱的学科，那么他们将怀着对知识非常冷漠的心情走上各自的生活道路，他们也将不能在各自的工作领域有更大的发展。

正是秉持着这样的理念，苏霍姆林斯基非常支持帕夫雷什中学的教师展开各学科之间的"争夺"学生的竞赛。这种竞赛是各学科教师充满善意的竞赛。他们运用各种方法，尽量唤起学生对自己执教的这门学科的兴趣，使他们能够入迷地喜爱这门学科。当各门学科的教师都积极参与了这样的竞赛，那么这个学校的智力生活就会生气勃勃。苏霍姆林斯基用极大的篇幅，介绍了帕夫雷什中学的每一位教师在激励学生喜爱自己的学科方面所作的努力：数学教师安德列·费奥多罗维奇·巴尔文斯基帮助有数学才能的学生成立数学小组，办数学杂志，为在数学方面有才能的孩子创造单独继续前进的条件；生物学与农艺学教师安德列·安德列耶维奇·萨姆科夫帮助孩子成立农艺学、生物学小组，引导学生开展试验，在试验中把劳动与科学设想、劳动与探索自然科学的奥秘结合起来；苏霍姆斯基的妻子——安娜·伊万诺夫娜·苏霍姆林斯卡娅是语言与文学教师，她指导两个文学创作小组，指导孩子们办文学创作晚会，还编辑手抄文学年刊……可以说，帕夫雷什中学的每一位教师都充分调动起自己的才能与智慧，吸引学生参与到自己执教的这门学科中来，帮助学生发现在智力生活中的某种才能，使每一个学生都能在某一个领域内获得成功的乐趣。

这里有一个关键问题：怎样才能使学生找到自己喜爱的那门学科呢？还有，对那些似乎什么都不感兴趣的学生怎么办呢？

首先，苏霍姆林斯基坚信，一个人不可能对任何事物都不感兴趣。面对这样的学生，每一位教师都应该把所有的"智力工具"拿出来试验一番，把这些孩子从智力的惰性中解救出来，帮助他们找到那个能够鼓舞起他们精神的领域。当发现孩子在某一个领域发生兴趣，哪怕是一丝兴趣的萌芽，哪怕是一星微弱的火苗，教师也要像对待珍宝一样对待这一丝萌芽、这一星火苗，因为这就是孩子发展智慧的希望。

始终去寻找那个未被发现的领域，坚信可以找到它；然后浇灌这一丝萌芽，使之长大；鼓舞这一星火苗，让它猛烈地燃烧。这就是教师在这个过程中应该做的事情。

每一个教师都应该扪心自问：有多少学生喜爱我的学科？我怎样才能让学生爱上我的学科？

对一所学校来说，也可以把这一点作为一个评价的角度：

> 如果一个正常的人没有在任何一门学科上取得成绩，如果他没有一门自己喜爱的学科，那就说明这样的学校是很差的。[1]

---

[1] 苏霍姆林斯基：《给教师的建议》，杜殿坤编译，教育科学出版社 1984 年 6 月第 2 版，第 525 页。

发掘每一个人内心的财富

如果我们说教育就是帮助受教育者实现自身全面和谐的发展，估计没有人会提出异议。但是，在具体的教育实践中，所谓全面和谐的教育往往成为一种最美好的教育乌托邦——由于种种原因，我们在教育工作中所做的不少事情恰恰与我们美好的心愿相反。

一位教研员告诉我，他所在的县在进行各校之间的教育教学质量评价中，为公平起见，把各校抽测年级的成绩处于最后十名的学生不计入统计范围。据说此举出台后效果良好，教师可以集中精力抓成绩处于中上等的学生，不但升学率提高了，还给教师减轻了负担，也减少了一些可能会出现的怨言，而且那些因为各种原因成绩很差的学生也因而获得了"解放"——反正，他们考重点高中没有任何希望，不如师生双方都放彼此一马算了。

听到这样的规定，我无法掩饰内心的愤懑。我一直在想，究竟是谁赋予了我们这样的权力，可以对那些成绩差的学生说一声"放弃"？那些获得了"解放"的被遗弃的学生，他们又将会以一种怎样的心态离开校园，走上今后的生活道路？教育的公平如果不是建立在每一个人都有权利接受应有的教育，使自身的潜能得到发展，为他今后的生活缔造幸福的基础上，那么这样的教育就失去了公平的实质。

多年以来，我们看重的始终是大多数，我们所有的教育工作围绕的也是大多数，我们把人完全看成了抽象的人，普遍的人，却没有看到人更应该是具体的人，是一个个有着独特的个性的复杂的综合体。对此，联合国教科文组织编写的《学会生存——教育世界的今天和明天》一书中，有这样的表述：

进入教育过程的个体是一个具有文化遗产的儿童，他具有特殊的心理特征，在他的内心有家庭环境的影响和四周经济状况的影响。[①]

　　正是由于每一个儿童极具差异而丰富的生长背景，教育不得不充分关注这一点，把人看作是生气勃勃的具体的人，从而要求教育活动向个别化迈进。而那位教研员告诉我的事实却表明，在当下的教育实践中，我们因为某些不言自明的原因，完全忽视了这一点。如果我们承认每个人都是独立的个体，那么，我们就应当承认个体之间的差异和不同于别人的特质。如果我们承认这种差异和特质的存在，那么，我们也应该承认人天然地需要接受互不相同的教育，以使每一个人都能在教育中获得和谐的发展。那些分数处于年级最后十名的孩子，真的就找不到一条发展自身潜能的途径了吗？他们的不被肯定与被肯定，难道只有分数这一个评价角度吗？对于这些孩子来说，所谓教育的公平，乃至人的尊严，已被置于何处？

　　可以想象，那些被遗弃的孩子，他们将带着对学习的厌恶，带着对学校与教师的怨恨，满怀着羞辱与挫败感走出校门，走上今后的人生道路。而这一点，正是苏霍姆林斯基曾经多次大声呼吁要竭力避免的残酷现实。遗憾的是，我们的教育往往在为了孩子的名义下做出了很多不利于孩子的事情。

　　正是看到了每个人都是具体的人，因此，苏霍姆林斯基提出了和谐教育的概念，其核心就是培养和谐的人。他认为所谓和谐的教育，就是如何把人的活动的两种职能配合起来，使两者得到平衡。一种职能就是认识和理解客观世界，另一种职能就是人的自我表现。他强调在人的自我表现这一点上，应当加以深刻思考，并以此为方向改革教育工作。由此可以看出，苏霍姆林斯基强调的依然是人的自我，也就是具体的人，这个具体的人在内在本质、世界观、信念、意志、性格以及人与人之间相互关系的表现中是各不相同

①　联合国教科文组织国际教育发展委员会编著：《学会生存——教育世界的今天和明天》，华东师范大学比较教育研究所译，教育科学出版社1996年6月第1版，第196页。

的。他反对把学生的分数作为评价学生的唯一指标，认为分数只是人精神生活的一个领域，不能因为在这个领域失败了，就否定人精神生活中其他更多的那些领域。他强调要在劳动中、在各种审美活动中发掘孩子的潜能，如果孩子能在这些领域显示自己，他就会在其他领域（包括在学习领域）找到克服困难的志向和力量，更重要的是在此过程中培养孩子的信心与人的尊严。这样，不管孩子将来从事什么职业，他都能够享受一个劳动者丰富的精神生活，他都会是一个文明的人，一个自己子女的明智的、精神丰富的家长和教育者。

面对那些在学习的道路上遇到很多障碍的孩子，苏霍姆林斯基建议，要尽量设法让他在别的劳动创造的领域中突出自己。这一点非常重要。他认为：

> ……对一个人来说，如果智力的财富在他的面前封闭着（而达到这些财富的道路只有一条：接受普通教育），那么他是永远不会成为一个幸福的人的。但是，如果一个人能在一种劳动中显示自己，他就不会变成对什么都不关心的人，他也就会在其他的活动领域（包括学习的领域）中找到克服困难的力量和志向。[1]

这并非是一种补偿，而是要让孩子永远都不觉得自己什么都不行，他还可以在除学习之外的其他领域成为一个卓越的人，在参与这些创造性的劳动之中感受存在的幸福。而当一个人获得了劳动的快乐，当他看到自己经过努力而取得的劳动成果是那么甜美，当他觉得力量的付出是那样密不可分地体现了他的自尊感，那么，他身上所表现出来的要继续下去的力量与愿望往往是惊人的。

苏霍姆林斯基列举了大量的案例说明了这种和谐教育取得的丰硕成果。在这些案例中，我们看到的是活生生的人，是具有独特个性的具体的人，是有着丰富潜能的等待发掘的复合体。那个曾经让教师备感头痛的调皮的孩子

---

[1] 苏霍姆林斯基：《给教师的建议》，杜殿坤编译，教育科学出版社 1984 年 6 月第 2 版，第 477 页。

米哈伊尔，后来成了当地最有名的修理电器的师傅；那个学习异常艰难的尼柯拉，后来成了出色的农学家；而被苏霍姆林斯基亲自教育过的 107 个原来在智力发展上有重大障碍的孩子，后来都成长为有教养的人。

联合国教科文组织编写的《学会生存——教育世界的今天和明天》一书中，表述了"完人"概念。这里的"完人"指的是人的完善发展，人应该能够具体地实现他的潜能，并且他应该认为自己与他的命运是协调一致的。这种完善的发展，自我认知与存在的协调一致，其实就是人的和谐发展，从教育的角度看，就是和谐教育。这与苏霍姆林斯基关于和谐教育的思想从本质上看是一致的。联合国教科文组织的这份报告指出，在目前的教育中，不但人的理智认识方面被分割得支离破碎，而且其他方面被遗忘了，有的则被忽视了；有时被还原到一种胚胎状态，有时则随它在无政府状态下发展。由此，教育的毫无作为、教育对人的分裂和对人的个性的忽视与遗忘，使教育成为残缺的教育，使人成为残缺的人。这里的残缺，当然不是一个生理状态的概念，而是人精神生活上的残缺。而人的这种残缺的精神世界对人终身的影响以及内心的幸福所造成的重大影响，更是被我们完全遗忘了。

和谐的教育——这就是发现深藏在每一个人内心的财富。[1]

当我们坚信每一个人内心深处都有一笔财富，我们就不会放弃发掘的愿望。它可能是密密的森林，可能是累累的葡萄，可能是金黄的麦浪，可能是含苞的玫瑰……每一笔被发掘出来的财富都会呈现出不一样的美丽。那么，以极大的耐心与智慧，以长远的目光与实在的劳动，以浸透了人道主义汁液的、博大而悲悯的心肠，去发掘这笔财富，就是教育的本分，也是教师的责任。

---

[1] 苏霍姆林斯基：《给教师的建议》，杜殿坤编译，教育科学出版社 1984 年 6 月第 2 版，第 480 页。

要让孩子的思维得到喘息

在一次以"智慧与有效"为主题的全国性课堂教学观摩活动中，主办方请我写一个卷首语。借此，我对"有效课堂""智慧课堂"作了比较深入的思考，同时也看清了当下一些在看似有效的课堂中不那么"智慧"的地方。

这几年，因为工作关系，我除了自己不间断地上课，也会听不少教师的课。从他们的课中，我学到了许多有益的东西，但也引发了一些思索。比如，我发现有些教师课堂节奏很快，教学"容量"很大，在短短的四十分钟之内，每一段时间做什么，每一个环节做什么，都几乎做到了充分、准确地规划，加之这些教师对课堂时间的把握极其精确，这种状态一直到教学内容结束，前后不会相差一分钟。我一方面极其钦佩这些教师的课堂调控能力，惊讶于四十分钟竟会上得如此"丰满"，另一方面也不由得产生了怀疑：这样快节奏的、精确的、几乎不差分秒的课堂，真的反映了教师的智慧，反映了课堂的"有效性"？孩子们在这节课上的学习时间，真的就恰如教师事先预设的那么合适、准确吗？这四十分钟的一节课真的一定要这样每一分、每一秒都要充分利用吗？课堂节奏如此之快，孩子们在课上没有任何喘息的机会，如此高强度的脑力劳动，一节课还可以，一天下来，孩子们能吃得消吗？一学期、一年、几年下来，又会出现什么状况呢？

我不禁反思自己的课堂。我自认我至今尚没有能力完全控制课堂，包括课堂节奏、课堂时间。因为以我有限的教学经验看来，课堂实在是个千变万化的地方。往往教师预设的一些东西一旦放到课堂上就已经发生了变化，教师必须根据学情及时作出调整，包括教学内容、提问方式、学习方法、课堂节奏、教学时间，等等，甚至有时这种调整会比较大。从教学时间这个角度来看，就会出现各种情况：本来用一节课解决的问题，必须用两节课，甚至更多；或者正好相反，本来设想用一节课解决的问题，其实只用半节课就够了。从课堂节奏这方面来看，则要根据学生现场的理解情况，在必要时进行适当的调整。这就是课堂的不确定性。所以，我非常怀疑有些课堂时间利用得如此精确、充分的教师，他的心中是否会真正装着学生；我也怀疑在那些始终快节奏、看似教学效率极高的课堂，学生是否能够真正从中获得思维能力的发展。

这并不是说教师不要很好地控制教学时间——科学地控制教学时间其实也不是一件容易的事；这也不是说课堂就可以懒懒散散、松松垮垮，课堂时间毕竟是宝贵的，有限的，必须有效地利用才能最大限度地减轻学生的课业负担。我只是想强调，在课堂的四十分钟内，人的智力活动要有张有弛，而非一直绷得紧紧的。教师课堂设计的每一个环节，要有一定的弹性，有时要放慢速度等一等，有时则要适当加快节奏。反之，假如课堂中的每一分、每一秒都完全把学生框在教师预设的思路内，不给学生任何喘息的机会，学生的思维一直处于高度紧张的状态，这样的课堂难道真的对学生有益吗？我的回答是否定的。

对这种做法，苏霍姆林斯基甚至认为是一种"愚蠢"：

> 在课内不放过一分钟、一刹那，一直要学生积极进行脑力劳动——在教育人这样细致的工作中，还有什么能比这么干更为愚蠢的呢。教师对工作抱着这样的目的，简直就是要榨干儿童全部的精力。[1]

他认为，学生，尤其是低年级学生的智力和神经耐力是有限的，必须非常慎重地对待，而且要不断给孩子补充神经耐力的来源。比如，观察周围世界的事物和现象，出于兴趣去了解事物而不是为了完成教师布置的任务，到

---

[1] 苏霍姆林斯基：《我把心给了孩子们》，唐其慈等译，《苏霍姆林斯基选集》第 3 卷，教育科学出版社 2001 年 8 月第 1 版，第 161 页。

大自然中去旅行，等等。在这个过程中，让孩子的大脑充分得到休息，得到营养，避免用持续的、过度紧张的课堂脑力劳动使他精疲力竭。他发现许多孩子之所以脾气暴躁、蛮不讲理、悲观厌学，这类不良情绪的产生在很大程度上正是起源于此。

　　以上主要是就整个课堂节奏的控制而言。具体到课堂结构中的某些细小的环节，苏霍姆林斯基则提出"要让孩子想一想"这个观点。实际上，这也是要让孩子的思维得到喘息。但这并不是初看之下我们能够感觉到的那么简单。有些教师每次提出问题，都不给学生"想一想"的时间，而是直接就让孩子站起来回答，而孩子往往连问题是什么都没有搞清楚；有的孩子虽然听见了问题，但还没来得及思考，当他一坐下却马上就想起答案来了。这在一些青年教师的课堂上比较多见。而这些没有回答出教师问题的孩子，往往充满了沮丧。由于教师在课堂上过多地关注自己的教案，而不是学生，教师就很少会想到自己的设计在学生那里是否得到了真正的理解，这也就是一些教师上课时间极为"精确"，课堂节奏始终处于高速运行、高度紧张的状态的主要原因，其实归根结底是不顾学情、无视学生的原因。有些教师为了"按时"完成任务，避免课堂上出现意外的枝节，设计的问题往往就比较细小，甚至学生只需要回答"对"或"错"就可以了，不但对学生的思维缺乏挑战性，而且致使课堂小问题过多，学生不得不跟着老师的问题跑，思考能力不能得到很好的发展。这样的课堂可说是完全控制在教师的手中。可见，"要让孩子想一想"，不仅仅是一个有关教学设计的、外显的要求，更是遵循学生学习规律、思维发展规律的客观要求，也是一个教师教学理念、教学能力与智慧的真实反映。

　　由此，我对"智慧与有效"的课堂逐渐形成了自己的认识：

　　　　"伟大的美俘虏了我，但更伟大的美甚至将我从它本身解脱。"
　　常常思索纪伯伦的这句话，我以为真正具备智慧之美的课堂也应是
　　充分给予学生这种解脱的机会与权利。在哲人看来，更伟大的美不
　　是召唤、吸引与控制，而是使对方得到自由地解脱。那么，就课堂

教学而言，美的课堂不仅仅是对学生的召唤与吸引，更应是一种解放与激发，是使学生自由地驰骋于思维的无限世界中；课堂不是一座禁锢与控制学生的华丽建筑，它应是一个没有边界的星球，有着适合任何一种花朵开放的土壤，而教师就是一个帮助学生看到自己具备这种潜质的人。

我以为，这是一个教师最大的智慧，这样的课堂是真正具备智慧之美的课堂。当然，这样的课堂无疑也是最具有效性的课堂。

无论如何，课堂都不是军营，学生也不是玩偶。让孩子的思维得到片刻的喘息，不要拿"有效""智慧"这些美好的词汇来掩盖。

教师为何成了课堂的干扰者

听课一直是我工作的重要组成部分。听得多了，我渐渐发现这样一个现象：有不少教师上课时的声调和平时说话时的声调截然不同，几乎是判若两人。这使我感到非常奇怪。后来，慢慢看出了眉目：教师上课时用的是一种专门的声调，似乎是想用这样的声调来提醒孩子——现在上课了。

听这样的课，我不知道孩子们是一种怎样的感受，但我常常感到很累，总是不能集中精力，总是心里微微发慌。一节课下来，教师声音嘶哑，精疲力竭，学生也头昏脑涨，疲惫不堪。我想，是否一定要用这种专门的上课声调呢？用一种完全自然的、与平时说话一样的声调不好吗？这种专门的上课声调对学生的学习究竟能否起到好的作用呢？

我曾与一些老师就这个话题作过交流。他们告诉我，许多老师之所以习惯于上课时使用专门的声调，一方面是出于对学生的暗示，希望借助于这种专门的声调引起学生的注意，提示学生集中精力听课；另一方面是教师试图用这种声调激发学生的兴趣，调动学生参与的热情，以营造一种课堂上的活跃气氛。

苏霍姆林斯基曾专门对此进行过研究。他指出，教师在课堂上引发学生的惊奇感固然重要，但这种惊奇感产生的源泉只能是材料本身的内容，使孩子们感兴趣的不是什么专门的或辅助的东西。对有些教师使用的这种专门的上课声调，他强调当孩子们非常专心地听每一句话，教师可以逐步放低声音，不必用专门的讲课声调对他们说话，要用平时人们说话的语气来对学生说话，这样做并不会削弱学生学习的兴趣，相反这种正常的说话语气保证了学生的静心思考。如果教师一直采用这种专门的讲课声调，就会非常容易引起学生的疲劳，学生脑半球的皮层就会处于某种麻痹状态，效果将适得其反。有些孩子之所以暴躁易怒，对学习逐渐厌倦，与他们经常处在这样的语调轰炸中有很大关系。苏霍姆林斯基把这称为一种随时会爆炸的"火药"。在这种情况下，教师充满激情的讲课声调不但没有达到预想的目的，反而成了一种干扰课堂的隐性因素，这确实是教师不曾预料到的。

遗憾的是，当今许多教师并没有认识到这种专门的讲课声调的危害性，甚至有些非常有名气的教师也不例外。一部分名师公开教学展示较多，面对上千名听课教师，名师一般都会使出浑身解数，以激发学生参与的积极性，同时博取台下听课教师的好感，这些手段中除了制作精美的多媒体课件、幽默风趣的话语，还包括使用这种专门的讲课声调。由于名师的光环效应，大多数听课教师都极其认可这种声调，甚至成为争相模仿的对象。应该说，这种危害的范围更广，更值得我们警惕。

那么，教师上课究竟该使用一种什么样的声调呢？使用一般的说话的声调上课，会不会使学生毫无兴趣、昏昏欲睡呢？苏霍姆林斯基用自己三十多年的教育教学经验证明，这种担心是多余的。他通过大量令人信服的事实，证明了真正优秀的教师能够吸引学生的是内容而不是声调，是靠教师自身内在的学养照亮寻求知识的道路，通过知识内容本身引发学生的惊奇感，调动学生参与的积极性。

我曾经听过台湾教师李玉贵的课。不得不说，我爱上了李玉贵的声音。李玉贵的声音轻柔，干净，沉静，像淙淙的流水，一经发出，课前略有些嘈杂的会场马上静下来了，刚刚坐定有些紧张和拘谨的孩子们也静下来了。个子小小的李玉贵站在讲台上，用宁静而亲切的眼神看着孩子们，没有初次见面的寒暄与客套，没有我们常见的近乎谄媚的讨好与逗趣，一切就这么自自然然、安安静静地开始了。在以往的公开课上，我们已经习惯了"激情四射"，习惯了"热情洋溢"，这样的声音实在是太柔和、太平静了。但近千名听课教师和孩子们一起，在这样的声音里不但没睡着，反而经历了一次极为难忘的思维之旅。事情往往就是那么怪。

除了专门的讲课声调，有些教师还会借用一些直观的、鲜明的、花花绿绿的形象来辅助教学。苏霍姆林斯基把这称为一种教育上的无知，认为这是使孩子变成"难教的群民"的原因之一。在这样的课堂上，这些"辅助"不仅没有辅助教学，反而成为干扰课堂的主要因素，这也是教师不曾预料到的。

这一点在一些公开课上表现得最为严重。有些教师不能正确认识公开课的意义，盲目追求一种"剧场效应"，希望看到激动人心的"课堂效果"，感受到缤纷活跃的"课堂气氛"。这些致使公开课的教学出现了很多问题。我曾专门就课堂气氛问题与老师们展开讨论。曾几何时，课堂气氛是否活跃成为判定一堂课成功与否的重要标准之一，虽然这几年评课标准几经变迁，但好像这一条至今没有多大的异议。长期以来，我们总是喜欢热闹喧哗的课堂，喜欢多姿多彩的课堂，见不得课堂教学中学生思考、沉默的状态。我们一味地喜欢听课堂上的欢声笑语，看到学生思索沉重就接受不了。我想，这也是造成目前课堂上浮风劲吹的原因之一。

令人欣慰的是，近年来有不少教师开始非常注重在课堂上激发学生的静心思考，他们的课件往往简单而实用，甚至有的教师根本就不使用课件，教师通过本身的学养和对知识内容的把握，激发学生学习的兴趣。他们设计的问题充满思维含量，力求点燃学生思维的火花。这样的课堂，气氛好像比较沉闷，学生也表现沉默，但大脑却在激烈的思考之中，学生获得了静心思索的时间和机会。其实，充满生命活力的课堂不需要花哨，我们要能理解并认同课堂教学中学生沉默思索的状态，给他们沉默思索的时间。这片刻的沉默与思索，往往比整节课的热热闹闹更可贵——因为我们都渴望做一支点燃学生内心的火把。

不由得再一次想到了李玉贵的课堂。那是真正的如日本教育家佐藤学笔下说的"润泽的课堂"。没有小手如林，没有笑语喧哗，没有兴奋得摩拳擦掌，也没有华美绝伦的多媒体课件，但每个孩子都沉浸在阅读和思考所带来的挑战与快乐中，每个孩子都很安心，很安静，很安全，但他们的思维却没有一刻停下过。他们阅读，思考，比较，整理，发表观点，讨论彼此的认识。李玉贵带着孩子们在登山，在不知不觉中登上了顶峰。看这样的课堂，我想到了三个词：增长，走远，向上！

苏霍姆林斯基也在他的著作中一再说明，过于吸引人的某些东西对教师并不能起到很好的作用。他不无幽默地举过一个很有意思的事例，指出即使教师把一只活猫抱到教室里来，学生也并不能因此对猫的知识增加多少，这只活猫在课堂上反而成了一个最大的干扰因素。

其实，猫自己不会来到课堂，真正把它带到课堂的是教师。那么，真正干扰课堂的不是猫，而是教师本身，这就跟那种专门的上课声调是来自教师本身一样。

教学的艺术在于变化

我认识一个青年教师，非常勤奋，对课堂非常迷恋，近几年上了不少有影响的公开课。我有幸到现场听过几次，留下了比较深刻的印象。除了钦佩他的好学和努力之外，我隐隐产生了一丝担忧：我发现他在不同地方上的同一节课不光环节一模一样，甚至连教师现场反馈的语言也几乎完全相同。尽管这些语言都经过了精雕细琢，几乎无可挑剔，但我依然感到这是他的课堂所面临的最大问题。面对不同的学生群体，面对不同的教学现场，怎么会出现完全一样的教学环节？尤其是怎么会出现完全一样的反馈语言？

作为一个经常上公开课的教师，我是非常理解这位青年同行的心理的。由于种种原因，公开课逐渐演变成一门不允许失败的"艺术"。为了避免"失败"，不少上公开课的教师在备课时都经过了反复打磨，有的公开课已经不是一个人的劳动，而是融合了一个集体的智慧。因此，经过反复修改打磨后的教学设计不允许轻易改变，甚至连每一句过渡语、串联词、对学生的评价语都已经事先设计好，只等着在合适的时候抛出来即可。在这种情况下，经验不足的青年教师就没有胆量在课堂上作出改变。尽管教学现场、学生情况跟预设的并不那么一致，他也就只好照着这个现成的"剧本"演下去了。

在我看来，包括我自己在内的许多教师的课，尤其是那些普遍受到好评的课，在很多时候都是缘于课前充分而精致的教学预设，使得课堂基本上处在比较"安全"的掌控中，也就是说，没有变化成为这些课堂取得"成功"的主要因素；但恰恰是因为缺少了变化，课堂就缺少了只有真正的挑战才能带来的真正的精彩。

其实，这种现象不仅表现在公开课上。有些教师执教多年，教学同样的内容时，他采取的依然是同样的方法。这样做固然省力，但却忽略了一个重要的事实：那就是我们面对的是活生生的具体的人，而不是一成不变的机器。对此，苏霍姆林斯基非常准确地指出：

> 上课并不像把预先量好、裁好的衣服纸样摆到布上去。问题的全部实质就在于，我们的工作对象不是布料，而是有血有肉、有敏感而娇嫩的心灵的儿童。[①]

事实上，无论多么优秀的教师，他都不可能对课堂上所有的细节作出非常准确的预设，他必须在课堂现场中根据实时发生的情况作出及时的判断与调整，也就是善于按照最必要的方法去进行教学，而这个方法是从这节课本身的逻辑和学生的思维规律出发，而不是从预先的教学设计出发的。

这一点正是苏霍姆林斯基在谈到课堂教学时反复强调的。他认为教学的艺术不在于预先规定好课上的一切细节，而在于巧妙地、对学生来说是不知不觉地根据情况作出变化。这对于保证教学效果是非常重要的。真正优秀的教师，上课时他的脑海中不应只想到教材，不应只想到他的教学设计，而是应该充分重视学生的反应，通过细致的观察对学生是否掌握了教材作出准确的判断，并及时对教学内容、进度与教学方案作出相应的调整。对此，他曾反复以自己的课堂为例进行说明。我们看到在苏霍姆林斯基的课堂上，他所注意的中心点不是自己的讲述，而是学生的思维情况，因为他可以从学生的眼神里看出他们是懂了还是没懂，是哪些地方没有懂，有没有必要补充新的事实材料进行教学。

那么，一个问题非常明显：我们应该把学生摆到一个什么位置？美国课程论专家小威廉姆·E·多尔认为教师与学生的关系是平等的，而教师位于"平等中的首席"地位。那么，按照多尔的这一说法，课堂教学应该是教师与学生进行的一番平等对话。作为平等对话中的首席，教师从外在于学生情

---

① 苏霍姆林斯基：《和青年校长的谈话》，赵玮等译，《苏霍姆林斯基选集》第4卷，教育科学出版社2001年8月第1版，第865页。

境转化为与这一情境共存，也就是说，教师的课堂行为应该与学生的思考、表现完全融为一个整体，并在这个过程中，师生互相启迪，互相成为彼此的关注者和理解者。这也就决定了教师的课堂教学必须是变化的，有相当大的不确定性，而这种变化与不确定，表现了一个教师高度的教学技巧和创造性的劳动过程。事实上，也只有真正优秀的教师才能做到这一点。要达到这个教学艺术的高峰，对于正在成长中的教师来说，是一个复杂而漫长的过程，它既需要积累，也需要反思，需要提炼，还需要智慧。

在关注学生这一点上，小威廉姆·E·多尔与苏霍姆林斯基的教学思想有着非常密切的内在联系：

> 作为教师我们不能，的确不能，直接传递信息；相反，当我们帮助他人在他们和我们的思维成果以及我们和其他人的思维成果之间进行协调之时，我们的教学行为才发生作用。[①]

多尔认为这也是杜威为什么将教学视为交互作用的过程，而学习则是那一过程的产物。这里的"交互作用"是教师与学生、学生与学生、师生与教材之间的课堂对话产生的作用。的确，教师不应该只是传递信息，更不是直接传递信息，教师更应该关注、协调课堂上的各种因素，对计划作出适当的改动。

又想起了老子《道德经》中的一句话："玄而又玄，众妙之门。"这里的"玄"是转变、变化之意，该句的大概意思是：变化来变化去，是微妙的天地万物之门。那么，按照老子的哲学思想，变化应是教学中的"众妙之门"了。

让我们牢牢记住：一节成功的课，它的诞生只能是在课堂上，在课堂的实施过程之中，在不确定的变化和调整之中。

---

① [美]小威廉姆·E·多尔：《后现代课程观》，王红宇译，教育科学出版社 2000 年 9 月第 1 版，第 257 页。

教师不写何以教学生写

　　读苏霍姆林斯基浩如烟海的著作，你绝不会感到厌倦。因为那一个个感人的教育故事总是击中了每一颗存有善意的心灵，那字里行间流露出的深深的悲悯总是让人感到温暖、纯净，那一幅幅生动的童话般的教育场景又总是那么让人心驰神往，感慨万分。这一切，使这些文字完全超越了一般的教育理论著作，我们从中更看到了大写的、活生生的人，看到了人是怎样在真善美的环境里接受着真善美的教育。而抒写这一切的，是一支流淌着爱意和虔诚的笔，是一颗始终在跳动着的、充满了智慧与真情的心。

　　作为一个对文字极端敏感与挑剔的人，我极爱苏霍姆林斯基的文笔。这自然也在一定程度上归功于这些著作的译者。阅读这些堪称美好的文字，我觉得苏霍姆林斯基不仅是一个伟大的教育家、心理学家，他同时又是一个极为出色的作家和诗人。我们从那一个个感人至深又深受启发的教育故事中，不仅可以看到超人的教育智慧和伟大的悲悯之心，也可以看到苏霍姆林斯基非凡的笔力。为了对不同阶段、不同境遇的孩子进行教育，苏霍姆林斯基不仅给孩子们推荐阅读乌克兰、俄罗斯等著名作家的优秀作品，他还亲自创作了大量的诗歌、散文和小说。这些作品在孩子们的心里播下了一颗颗种子，那是美好与善意，是智慧与创造，是意志与信念……

　　我是多么迷恋这样的情景：在四月的一个清晨，当古老的山冈在雾气中若隐若现地颤动，村子隐没在果园里，田野一望无际，山峦和林带变成了迷人的蓝色，苏霍姆林斯基和孩子们一起来到田野，听云雀歌唱。空气变得格外清澈洁净，地面上飘荡着银白色的蛛丝，远处响起云雀银铃般的歌唱……苏霍姆林斯基给孩子们朗诵了自己创作的关于云雀的童话。孩子们听得那么入神，他们很赞成眼前这个大朋友的新奇想象：

"云雀，它是太阳的孩子……"

这是苏霍姆林斯基带领"快乐学校"的孩子们一起进行文学创作的情景。

苏霍姆林斯基以自己的创作来引导孩子怎样用恰当的、美好的词汇表达自己的思想和感情，他认为这样做是非常必要的。他对一些语文教师所教的孩子不会写作文感到遗憾。他批评了一些教师在教学中从一个极端走向另一个极端的做法：要么给学生一些从教学法参考书里抄来的现成的范文；要么就要求学生完全独立地写作文。他认为这样教学，当然是毫无结果。究其原因，就在于——

> 因为这样的语文教师自己从来没有试着写过一篇描写春天的雷雨或者正月的暴风雪之类的作文，学生也从来没有听到他谈过自己的切身体验。在这种情况下，即使让他们用最完善的教学方法教上七年，也不会有任何效果。[①]

想起了汪曾祺先生回忆沈从文在西南联大教他们写作的情景。沈从文先生教写作，常常在学生的作业后面写很长的读后感，有时评析文本得失，有时从这篇习作说开去，谈有关创作的问题，往往是见解精到，文笔讲究。这样的读后感有时竟比原作还长，学生读了自然受益匪浅。沈从文以自己对创作的理解和经验教学生写作，可谓现身说法，极有说服力；同时又能极其准确地指出每个学生写作中出现的问题及解决的办法，这是不会写作的教师很难做到的。汪曾祺本人就在这样的教诲中获得了创作的某些真谛。对此，著名学者商友敬先生甚至有过这样一番评价：

> 沈从文对汪曾祺的影响太大了，甚至可以说，没有沈从文就不可能出现汪曾祺，汪曾祺晚年的辉煌有着沈从文的影子，而到了辉

---

① 苏霍姆林斯基：《和青年校长的谈话》，赵玮等译，《苏霍姆林斯基选集》第4卷，教育科学出版社2001年8月第1版，第613页。

煌时期的汪曾祺还不忘写文章回忆他的恩师沈从文。[①]

其实，教师以身示范是一种非常朴素的教学方法，意在强调教师的一次示范，其作用胜于多次口头说教。虽然这种方法不见得在任何情况下都适用，但却说明一个教师本身的业务水平将会对学生产生根本影响。很难想象，一个写字歪歪斜斜的教师，他的学生能写一手漂亮的汉字；同样，一个不会写文章的教师，他也必然不知道该怎样帮助学生写出好的文章。因为他既看不出文章的"好"，也判断不出文章的"差"，更难以找到解决"差"的方法。天长日久，他的学生也必然丧失了弘扬"好"、改变"差"的能力。

作为一个喜欢涂抹文字的人，面对当下学生写作面临的普遍困难，我经常思索：问题究竟出在哪里？该怎样解决这些问题？诚然，原因是多方面的，学生阅读量少、生活单调是一个主要原因，但另一个往往被人忽视的原因是：教师没有激发起学生对写作的热爱，学生把写作看作是一件极其困难的事；有的教师可能给学生推荐了一些文学作品或者是作文选中的习作让学生去读，但教师却忘了在学生面前展现一个基本的道理：通过自己的切身体验与学生谈创作，去谈那些好的文章是如何构思直至成文，谈在创作过程中遇到的困难，构思的角度，用词的比较、选择，修辞手法的运用与体会，将远远胜过学生一个人面对那一篇篇现成的范文。这将是一种更为鲜活、生动的体验，是一种更为真切、有益的引导。而在这个过程中，教师还会有意外的收获：他作为教师的威信与"权威"就是这样确立起来了。

我们来看看在苏霍姆林斯基的引导下，那些只有六岁的学龄前儿童的创作：

　　　"夜里降下了露珠，落进银白色的蛛网。琥珀色的珠粒，颤抖
　　起来了，战栗起来了……"[②]

---

① 商友敬主编：《过去的教师》，教育科学出版社 2007 年 11 月第 1 版，第 127 页。
② 苏霍姆林斯基：《我把心献给了孩子们》，唐其慈等译，《苏霍姆林斯基选集》第 3 卷，教育科学出版社 2001 年 8 月第 1 版，第 60 页。

这是拉丽萨和尤拉创作的诗。

"太阳喝了露珠，不见了银白色的蛛网，笑了笑琥珀色的珠粒……"①

这是苏霍姆林斯基的创作，他被孩子们深深感染，脱口而出。

近年来，有不少地方组织教师进行"下水文"写作比赛，请老师根据教材中的作文题目也来写一写。我认为这是一种极好的考查与督促教师提升教学水平的尝试。一方面，教师通过这样的"下水"写作，对如何审题、构思、立意，乃至如何遣词造句，都有了更多的思考，能够在这个思考的过程中获得某些启示，以便应用于对学生的写作指导；另一方面，教师通过这样的"下水"写作，在某种程度上是一种督促，若自身写作能力不提高，将无以对学生进行有效的写作指导。

是的，教师该与学生一起写；教师写得好，学生才有了写好的可能。

---

① 苏霍姆林斯基：《我把心献给了孩子们》，唐其慈等译，《苏霍姆林斯基选集》第 3 卷，教育科学出版社 2001 年 8 月第 1 版，第 61 页。

每个教师首先是个语文教师

在帕夫雷什中学，苏霍姆林斯基经常和老师们一起谈论一个很有意思的问题，并进行热烈地争论，在这种争论中逐渐产生出一个真理：

　　每个教师不管他教哪门课，都应当是一个语文教师。①

苏霍姆林斯基认为，语言是最重要的教育工具，是任何东西都无法取代的。他常常带领孩子们到大自然中去，到森林、果园、田野、草地、河边去，在这些地方，孩子们观察，表达，创作，发展思维。语言成了教师手中的武器，借助于这个武器，孩子们感受到、体验到所看到、所听到的东西的美，领会了语言的细微色彩，而美就在这个过程中通过语言进入了孩子们的心灵。许多"难教"的孩子，正是在这样的课堂上，学会了思考，开启了智慧，发展了思维，培育了感受美的能力。

在苏霍姆林斯基所领导的帕夫雷什中学，许多教师都是进行语言教育的高手。物理教师 A·A·菲利波夫为了专门教孩子们能在思考和逻辑上连贯地表述思想而带他们到大自然中去；数学教师安娜·格里戈里耶夫娜擅长通过一系列远足旅行的谈话来丰富学生的精神世界；地理和历史教师马特连娜和叶卡捷里娜能够游刃有余地帮助孩子们编写关于故乡的历史文献；而教导主任阿基姆·伊万诺维奇关于道德问题的谈话，总能触及男女青年内心中最隐秘的角落……这些各学科的优秀教师，他们都非常善于运用语言这一工具，丰富孩子们的精神，发展孩子们的各种能力。教师本身如果没有高度的

---

① 苏霍姆林斯基：《帕夫雷什中学》，赵玮等译，教育科学出版社 1983 年 2 月第 1 版，第 91 页。

语文素养，实施这些教育措施都是很难想象的。从这个意义上看，他们个个都是优秀的语文老师。

其实，许多在除语言之外的其他领域取得卓越成就的人，他们往往都具有高度的语文素养。著名数学家苏步青先生除在数学方面有专门研究之外，语文功底也相当深厚；一代大师李叔同，在音乐教育和美术教育中都颇有建树，而且他还能写出"长亭外，古道边，芳草碧连天"这样脍炙人口的诗句。也许，正是在语文方面深厚的功底，为他们扫除了许多障碍，才使得他们做起其他学问来就能够四面打通，融合交汇，从而也更能在别的领域取得更大的成就。反过来看，凡是语言表达流畅，擅长写作的人，不论他从事什么职业，他的工作能力基本上都值得信赖。

苏霍姆林斯基把一个人的语言修养看作是他精神修养的一面镜子。从一个人的语言修养，可以基本推断出这个人的精神世界究竟如何。所以，听一个人说话，读一个人的文章，我们就可以对这个人得出一个大概的评价。听有的人说话，如坐春风；读有的人的文章，如饮甘醴。这就是他的一种高度的精神修养。每一个教师，不论执教哪一门学科，都应该高度重视提高自己的语言修养，只有这样，才能在学生面前展现出高度的精神修养，才能赢得学生的尊敬，进而赢得学生对所教这门学科的热爱。

我认识一个小学音乐老师，孩子们非常喜欢他的课。他带领孩子们演唱歌曲时，总是首先指导孩子欣赏歌词的美，带领他们通过歌词展开想象，感受语言带来的美感，然后才是教唱曲谱，音乐美与语言美共同构成了意境美。他上音乐欣赏课，为了帮助孩子感受音乐所营造的美的意境，除了讲解基本的乐理知识，他还会用极其优美的语言对音乐所展现的情景进行描述，他讲得如痴如醉，孩子们也听得如痴如醉。孩子们就是这样深深地爱上了唱歌，爱上了他的音乐课。

也有的老师因为语文素养上的欠缺成为教学陷入困境的主要原因之一。有一个小学数学老师，尽管上大学时的数学专业成绩还好，但因为口头表达不够连贯，致使他的课堂效果大打折扣。还有一位很不错的中学化学老师，学校希望推广他的教学经验，可由于他不擅写作，不能进行系统的总结，最后也只好不了了之。从这些老师的情况来看，假如他们本身能够具备良好的语文素养，他们必然会在自己所教的学科上得到更好的发展。

苏霍姆林斯基也举到一个例子，可以进一步证明这一点：一位生物教师上完课后，孩子们表现得非常疲劳，可以说是精疲力竭。苏霍姆林斯基开始研究这位教师的语言，不禁大吃一惊。他发现这位教师的语言是那么混乱，根本没有逻辑顺序，因此孩子们必须使用全部力气，才能理解他讲解的某一个很小的知识点。这样一节课下来，孩子们感到非常疲劳也就不足为奇了。长此以往，孩子们就不再喜爱生物这门学科了，这样的课堂效率之低下也可想而知。因此，苏霍姆林斯基和帕夫雷什中学的老师们一起，开始研究如何提高每一个教师的语言素养，并取得了很好的效果。全体教师都向自己提出了一项任务，那就是分析应当向学生讲解的那些表象和概念，分析各科教学大纲和教科书，思考怎样找到鲜明的、准确的和经济的语言，以便使儿童在大脑中建立起事物和现象的表象，并逐渐开始转到解释那些比较抽象的概念，对教材进行深入的分析，仔细考虑自己的叙述形式，在课堂上进行自我监督……这些都极其有效地锻炼了教师的逻辑思维，提高了教师的语言修养，进而提高了课堂教学效率。对此，苏霍姆林斯基感叹道：

当我们很有必要使事物、现象和概念在教师的语言里找到鲜明的、能够为儿童所理解的语言外壳的时候，我们却在无数次的复习上浪费了多少时间啊！[1]

正是因为认识到了教师的语言素养对教学的重要影响，在帕夫雷什中学，每一位教师都努力提高自己的语言修养。文理不通、言语不清和表达笨拙将被视为一种无知。的确，作为语文素养中非常重要的语言素养，应该引起每一位教师的充分重视。

我一直感动于帕夫雷什中学的教师 E·E·科洛米钦科在 1964 年致毕业生的祝词。这是迄今为止我读到的最好的临别祝词。作为一个化学教师，他

---

[1] 苏霍姆林斯基：《给教师的建议》，杜殿坤编译，教育科学出版社 1984 年 6 月第 2 版，第 421 页。

那飞扬的文采，深刻的思想，超人的见地令今天的我读来感慨万分。帕夫雷什中学，这是一个怎样的教师群体啊！每一个教师，每一个不同学科的教师，都在孩子们面前展示了一个如此丰富、迷人的精神世界。也正是这样的教师群体，使得帕夫雷什中学成为世界教育史上的一座丰碑。而那些当年就读于帕夫雷什中学的幸运的孩子们，有许多成长为在各个岗位上卓有成就的人，即便是那些当时属于"难教的学生"，他们也都是合格的公民。正如苏霍姆林斯基所说，一个在教师的指导下愿意优美地讲述周围美好事物的人，一个把推敲字眼的要求视同观察美好事物的要求的人，一个在普希金、海涅的诗歌熏陶下成长的人，是不可能成为粗暴无礼和恬不知耻的人的。

愿每一个教师都首先成为一个语文教师！

第二辑

教育就是提高免疫力

教育就是不断更新

　　我们很难想象，没有教育的更新，社会也会发展。这一点对所有的社会都是正确的，不管这种社会是属于哪一种类型的，不管这种社会有什么样的主要学说，也不管它们如何设想其未来——不管是改良主义的，还是革命的。①

　　教育的结构和内容的不断更新对于社会的发展变化可以作出应有的贡献，今天这种能动的态度已经广泛地为人们所接受。上述观点是教育对于整个人类社会的发展变化而言，应该说是一个极其宏观的角度。事实表明，教育的更新已经成为社会发展不可缺少的推动力。那么教育本身的更新就显得极其重要。在教育内部，广大教育工作者逐渐认识到了教育更新已经成为教育本身是否具有存在价值与意义的主要因素。这与整个人类社会发展的步伐是相一致的。作为一个伟大的教育家，在教育内部的更新方面，苏霍姆林斯基表现出了一个教育先知者的深思熟虑与远见卓识：

　　　　要知道，教育在广义上说，就是精神上的不断丰富、不断更新的过程，无论对受教育者还是教育者来讲，都是这样。②

　　苏霍姆林斯基用三十多年的教育教学实践诠释了这个不断丰富、不断更新的过程。他本人通过不间断地阅读与学习保持了"水源的清洁"，给学

---

① 联合国教科文组织国际教育发展委员会编著：《学会生存——教育世界的今天和明天》，华东师范大学比较教育研究所译，教育科学出版社 1996 年 6 月第 1 版，第 89 页。
② 苏霍姆林斯基：《帕夫雷什中学》，赵玮等译，教育科学出版社 1983 年 2 月第 1 版，第 1 页。

生提供的永远是清澈的、新鲜的知识与思想之泉；在用无尽的爱与悲悯写就的教师生涯中，他用自己的智慧与创造描画了一幅世界教育史上最绚丽、最动人的画卷。我们看到，在他所领导下的帕夫雷什中学，学校图书室内的图书是不断丰富、更新的，教学楼墙壁上的图片是不断丰富、更新的，教师的教育教学方法也是不断丰富、更新的。这一切，就像他们亲手种下的玫瑰与苹果树一样，不断地生长出新的模样，时时发生着令人惊喜的变化。但这些并非心血来潮，而是严格遵循了教育教学规律，更是严格遵循了人的发展规律，并且在几十年的教育实践中形成了优良传统。在大量的教育个案中，我们发现，苏霍姆林斯基极其善于调动自己的精神力量，能够根据千差万别的情况作出恰当的判断，实施有效的教育方法。这与他本人所提倡的教育者应该不断丰富与更新自己是分不开的。同样，对于受教育者来说，教育本身之所以有其存在的意义与价值，就在于教育可以帮助他们实现自我的丰富与更新。

我们在苏霍姆林斯基提供的案例中，看到了"差生"尤拉的故事。尤拉在学习上遇到了很多困难，在教师的耐心帮助下终于走出了困境。在这个异常艰难的过程中，教师所表现出的忍耐是惊人的，那就是始终与尤拉站在一起思考，一起面对学习上接连不断的障碍，直至最后成功。获胜后的尤拉获得了一种难以表达的欢乐：胜利是他经过艰苦努力而得来的。由此，他不但在这个过程中获得了自尊，而且他内心深处的学习的愿望更加强烈了，而这恰恰是最宝贵的。对于尤拉来说，在这个艰难的学习过程中，他绝不仅仅是学会解应用题，提高了学习成绩，他更在精神上丰富了自己，更新了自己——他不再自卑、忧郁，不再厌恶学习，不再把自己看成是什么都不行的人，他将带着一种自信的、成功的喜悦面对今后的人生。而对于创造这个美好奇迹的教师来说，他在这个过程中不仅获得了教育教学的某些经验，更享受到了巨大的愉悦与成就感，这也是一种自我的丰富与更新。

对于教育的这种丰富与更新的过程，苏霍姆林斯基有着极其准确的把握。他认为教育的丰富与更新的过程有着深刻的个性特点，比如，一条教育真理也许在一种情况下是正确的，但在另一种情况下就是中性的，而在第三种情况下可能就变成荒谬的。这就需要教师对教育教学规律、对人性有准确的判断与洞见，而且能够根据不同的情况采取有效的教育措施。而这，也必然要求教师始终处于这种丰富与更新自我的过程之中。对于那些具有多年教龄却不善更新自己的老教师，苏霍姆林斯基作了个极其形象的比喻：这些老教师就像干枯了的花朵，仅仅是外形像朵花，但早已失去了鲜艳的色彩和迷人的芳香，生命的气息早已经不复存在。因此，苏霍姆林斯基极为重视教师的进修提高。他认为教师的进修提高首先意味着他对某一真理的看法今天已胜于昨天。即使是对知识本身而言，它也不是凝固不变的东西，同样也在不断地丰富、发展与更新，这是历史与现实无时无刻不在证明了的观点。至于教育教学中采取的各种方法、手段、策略，就更不能以僵化的态度去对待，这更是毋庸置疑的。这并非否认经验的重要性，经验归根结底也是一个不断积累、丰富、否定与更新的过程。因此，教育的更新首先意味着教师的更新，包括知识结构、教育教学方法、教育教学的理念，等等。那么，以丰富、更新为目的的教师培训、教师的自我提升，应贯穿于教师生涯的每一个阶段。

这几年，教师培训取得了丰硕的成果，积累了不少有益的经验，各地教育行政部门、教研部门做了大量的工作，花费了极大的人力与财力。但是，问题依然不少。除了外部的督促与指令，教师个体内部的自我提升的愿望是更重要的，也是真正具有决定性意义的。若教师缺乏自我更新的渴求，任何行政指令、培训措施都必然收效甚微。有些教师把读书当成一项任务，当成学校布置的一份不得不完成的作业，而未能从阅读中取得收获，更没有感受到读书的乐趣。我在一些学校参加教师培训的活动时，不止一次地发现，必须有主持人在活动会场维持秩序，活动才能正常进行。这一方面说明培训形式需要根据教师的需求作出相应的改变，另一方面也说明有些教师内心深处自我提升的渴望并不是那么强烈。一个不是强烈渴望自我丰富、更新的教师，我很难想象他的课堂是丰富的，是富于变化与魅力的，也很难相信这样的教师能够在教育教学这条道路上走得很远。令人欣慰的是，这些年我也看到了许多教师朋友那种发自内心的自我更新、提升的渴望，他们不停地奔跑着，寻求着，似乎永远不知道疲倦，前方总有一个声音在召唤，教师生涯就是一个永远求索、奔跑的过程。在这样的奔跑、求索中，他们不断地超越了自己，丰富了自己，更新了自己。大量优秀教师的成长历程已经无可争辩地证明了这一点。

作为一个教师，不断地挑战自己，追求生命的丰富与不断更新，成为我这些年生活的主旋律。我结识了很多不同的朋友，到过许多不同的地方。我不停地尝试，否定，认可，打破，建设……我渴望许多连自己也无法确定的东西，但我并不茫然，也不感到虚无。在这个过程中，我不断地发现自己，有时像一个陌生人一样地审视自己。在自己身上，我总能看到更加丰富、新奇的东西，这些是我带给自己的惊喜。在我看来，生命因为不断地丰富与更新，将永远充满魅力。所以，我虽然有痛苦，但从不绝望，不论是作为一个教师，还是作为一个活在人间的人。

一种作为"巫医术"的教育

苏霍姆林斯基曾花了一年时间和孩子们一起准备召开家长会。他告诉孩子们，在一年以后的家长会上，我们将朗诵自己的作品让家长们听一听。于是，孩子们个个摩拳擦掌，跃跃欲试，完全被创作竞赛的气氛吸引住了。人人都想露一手，人人都想在集体面前表现自己的长处。这一年，孩子们都在认真准备，一种渴望得到别人激励的想法构成了孩子们内心深处强烈的成长力量。

在这个事例中，苏霍姆林斯基表现出一种极为科学的预见，一种绝不是停留在当下的长远的发展的眼光。他坚决反对那些没有这种眼光和预见的教育，把这称为一种教育上的"巫医术"，而把不具备这种眼光和预见的教师称为"没有文化的保姆"：

> 如果缺乏科学远见，如果不善于今天就在少年的心中撒下数十年后发芽成长的种子，教育就变成一种最原始的照料，教育者也就成为没有文化的保姆，而教育学就会成为一种巫医术。[1]

在苏霍姆林斯基长达三十多年的教育生涯中，他遇到过不少"难教的学生"，其中有不少是属于智力发展迟缓的孩子。对这些孩子，苏霍姆林斯基相信，只要实施恰当的教育方法，具备相当的耐心与爱心，孩子就一定能在原有的基础上获得成功，感受到获取知识的快乐，并带着这种对知识的渴求

---

[1] 苏霍姆林斯基：《公民的诞生》，黄之瑞等译，教育科学出版社 2002 年 4 月第 1 版，第 58 页。

离开学校。他帮助这些孩子进行大量的阅读，到广阔的大自然中去锻炼观察和思考的能力，指导他们从事自己喜欢的劳动，在劳动中发展爱好与智能。大量的事实表明，这些孩子在接受了十年这样的中小学教育走出校门时，他们有的升入了高一级学校继续深造，有的参加了工作，成为某一领域的劳动人才。这些孩子有一个共同特点，那就是心中永存着对知识的渴望，这种渴望将伴随他们一生，成为人生不断向前的力量。对这些孩子的教育，苏霍姆林斯基不仅仅倾注了满腔的爱，而是在真切的爱背后运用了科学的方法进行恰当的教育，这些方法又来源于科学的远见和发展的眼光，使得这些孩子的思维得到了发展，学习的热情之火始终不曾熄灭，并且这股火焰将照亮他们今后的人生道路。

当下，教育上的急功近利现象为数不少，在某些地方甚至愈演愈烈。相当一部分教师迫于种种压力，只关注分数，关注升学率，专注于研究每一年中考、高考的试题变化，而研究本学科存在的真问题、前沿性问题的教师越来越少，真正具备独立的教育科研能力的教师可谓凤毛麟角。由这样的教师教出来的学生，被深埋在题海之中，厌学者大有人在，逃学者也屡见不鲜。我听说在高考结束的当天晚上，有的学生竟然将教科书、复习资料统统付之一炬，有的学生则跑到空旷之处大喊大叫："高考结束了！"而那些升入大学的孩子，有不少就是为将来找个工作而不得不混个文凭而已。我的一位在大学执教的朋友曾忧心忡忡地对我说起过不少这样的事例。对教师来说，这其中当然有一些逼不得已的苦衷，但如果我们的教育最终使学生不再热爱学习，最终丧失了对知识的热望，那就是教育上最大的、最不能原谅的失败。

除了缺乏这种长远的眼光和科学的远见，这种教育上的"巫医术"还表现在对活生生的个体的千般面貌视而不见，盲目照搬一些现成的"先进经验"，缺乏经过深思熟虑的、细致灵活的教育教学方法的研究。这种盲目性使教育工作本身变得不可预测，变得漫无目的，变得毫无根据，成为教育中出现悲剧的重要根源。

大翻译家傅雷先生有两个儿子，大儿子傅聪是著名的钢琴大师，二儿子傅敏是英语特级教师，他们在各自的领域内取得了很大的成就。在对两个儿子进行教育时，傅雷夫妇采取了不同的教育方法。他们发现傅聪在音乐方面很有天赋，就着力培养傅聪的音乐才能，终于使傅聪成为世界知名的音乐家；而二儿子傅敏则缺乏音乐上的资质，傅雷夫妇就没有在音乐上对他作过多要求，而是劝他放弃了专门练小提琴的想法，着力在文化课上进行培养，后来傅敏成长为一名卓有建树的英语特级教师。傅雷夫妇对两个儿子的教育方法，很重要的一点就是：根据两个儿子不同的资质，准确地预见并帮助他们确定了各自不同的发展方向，实施了不一样的教育方法。这也可说是成功实践了孔子"因材施教"的教育原则。这当然不限于家庭教育，事实上，真正的优秀教师无不是这方面的典范。

在具体的教育教学实践中，教师面临的是千差万别的人，是一个个活生生的个体，因此不加分析的、刻板的、公式化的教育方法是行不通的。这也正是教育工作中最复杂的一部分。苏霍姆林斯基向教师指出，教育上没有一种方法是万能的，指望用一种教育模式来解决所有问题是不可能的。这就要求教师必须具体情况具体分析，面对不同的学生个体采取不同的教育方法。傅雷夫妇对两个儿子实施的不同的家庭教育正是如此。

这几年，我在推动儿童阅读和教师读书方面花费了大量精力。我以为这是非常值得的。苏霍姆林斯基正是通过指导教师和学生大量阅读来帮助他们成长和发展的。尤其是对那些"难教的孩子"，指导他们大量阅读是他帮助孩子摆脱困境的主要手段；对帕夫雷什中学的教师，他也是通过提倡教师读书来提高他们的教育教学水平，用现在的话来说，就是读书促进了教师的专业发展。从苏霍姆林斯基的介绍看，帕夫雷什中学的许多教师都是教育教学专家。我以为，不论是对孩子还是对教师，读书都将是一种摆脱了"巫医术"的教育，而教师也不再是"没有文化的保姆"。

教育，绝不仅仅是爱。

教育就是提高免疫力

　　我深爱苏霍姆林斯基，不仅是缘于作为一名教师的使命与责任，在很多时候我爱他、爱读他的文字都是极其单纯的，那就是我从这样的文字里看到的不仅是深思熟虑的透彻，更有在其他教育著作中我未曾领略到的真切与深挚。甚至在很多时候，我爱的就是这种真切和深挚。

　　当冷漠麻木的男孩瓦列里第一天来上学时，苏霍姆林斯基满怀痛楚地迎接了他：

　　　　在瓦列里来到学校的最初几个星期里，当我的眼睛遇到他那对
　　　　虚伪的、漠视人间不幸的目光时，我的心里不禁升起一股暗暗的愤
　　　　恨，愤恨那些伤害儿童心灵的人。①

　　由于恶劣的家庭环境，致使瓦列里变成了这个样子。正是苏霍姆林斯基心头的这股"暗暗的愤恨"，让我面对这样的文字不得不检视自己的心灵：一个教育者面对的是一颗颗鲜活的心，他必须要以同样鲜活的心去与之交融。这些心灵有的纯净无瑕，洒满阳光；有的却已是伤痕累累，孤寂冷漠。最让人心痛的就是这些人生刚刚开始却已经遭受重创的孩子。事实上，每一个教师又有谁不曾遇到过这样的孩子呢？虽然每个孩子的不幸不尽相同，但他们来到学校时都一样成为教师最大的教育难题之一。教育工作的复杂、辛

---

① 苏霍姆林斯基：《怎样爱学生》，刘伦振译，《苏霍姆林斯基选集》第 5 卷，教育科学出版社 2001 年 8 月第 1 版，第 442 页。

劳在很大程度上正是体现在这里。那么，面对瓦列里这样的孩子，作为教育者究竟能够做些什么呢？

如果我能早一点读到下面这段话，可能我的教师生涯就会减少许多焦躁和失望：

> 教育工作的基础、它的主要内容，并不在于保护少年们不受坏的影响，而是要使他们对坏的、不道德的东西具有免疫力。怎样才能做到这一点呢？教育的技能和艺术就在这个怎样之中。[①]

对于孩子的成长，教育工作不可能触及到所有的角落。应该说，家庭、社会、学校对孩子的成长都具有教育责任。而现实情况是，在很多情况下，学校教育与家庭、社会的多重影响相比，显得有点势单力薄。有些家庭根本没有"教育"，甚至提供了完全相反的"教育"，而社会的纷繁面目本身给孩子造成的影响，也成为学校教育面临的最大的挑战之一。

一位同事曾告诉我一件事，至今令我心情沉重。她带 8 岁的女儿到一所鳄鱼养殖中心去参观，发现养殖中心为吸引游客出台了一项措施：游客花 10 元钱可购买 3 只小鸭子，当场把小鸭子喂给鳄鱼吃掉。鳄鱼池周围有不少带孩子参观的家长，他们纷纷掏钱买了小鸭子，让孩子给池子里的鳄鱼喂食。有的孩子喂了 3 只小鸭子还不够过瘾，又吵着买了 3 只继续喂。有的家长和孩子还分别把小鸭子抛给不同的鳄鱼，比赛看看哪一只鳄鱼最先把小鸭子吞掉。听着那一阵阵开心的笑声，同事觉得分外刺耳，赶紧带着女儿离开了。

听到这样的事情，我就在想，我们的家长、社会给予孩子的究竟是什么样的教育啊！我们不仅没有培育善良、同情、爱意，反而在幼小的心灵中播下了如此残忍、冷酷的种子。带着这样的心灵来到学校、又走向社会的孩子，他会用一种什么样的眼光去看待他人，看待这个世界呢？这样的孩子要用多少次苏霍姆林斯基所说的"美疗"，才能挽回他们心中被残酷掩埋、损

[①] 苏霍姆林斯基：《公民的诞生》，黄之瑞等译，教育科学出版社 2002 年 4 月第 1 版，第 7 页。

毁的善意呢？

其实，不仅是当下中国的学校教育面临这样的困境，在苏霍姆林斯基从事教育的 20 世纪五六十年代，教育所遇到的困难也相当复杂、棘手。当时第二次世界大战刚刚结束，苏联经济千疮百孔，千万户苏联家庭在战争中失去了儿子、丈夫。灾难虽已过去，但战争的创伤却难以愈合，教育面临很多问题。苏霍姆林斯基在创办针对学龄晚期儿童的"快乐学校"时，曾对孩子们的家庭作过调查。他发现，在这 31 个 6 岁的孩子中，有 11 个孩子没有父亲，两个父母双亡，有的孩子在没有出生前就已经失去了父亲。在这些孩子中，有的甚至在父母的逼迫下曾经欺骗、偷盗，来到学校时，满脸的孤僻、疑惧与麻木。这些不但给苏霍姆林斯基的教育工作构成了巨大的挑战，也让他的心灵备受折磨，以至于在写作他的教育札记时，他曾经反复考虑、斟酌，要不要把这些令人痛楚的细节写上，几十次删掉又加上，最后他决定不回避孩子们周围的罪恶和丑陋，因为没有任何一堵高墙可以把孩子们完全隔离在学校里。教育就是要提高他们面对坏影响的免疫力，就是要帮助孩子与这些邪恶和苦难作斗争，然后战胜它，让幼小的心灵纯净起来，强大起来，光明起来。

因此，在苏霍姆林斯基看来，教育就是一剂良药，是一种力量，教育就是帮助孩子增强免疫力。对那些已经受到伤害的孩子，他设法让他们尽可能多地处在学校环境的影响之下，用在学校集体的精神生活中确立起来的善，战胜家庭、社会环境中的恶。苏霍姆林斯基提出了他教育体系中一个非常重要的思想，那就是——美疗。用美来治疗创伤，用美来激励心灵。我以为这是苏霍姆林斯基教育体系中最独具特色的一部分。在他浩如烟海的著作中，大量的教育案例几乎都是美疗的典范。针对瓦列里的教育，苏霍姆林斯基同样采用了美疗：他和瓦列里一起阅读显克微支的小说，让他感受善与恶的斗争，感受人生中还有比猎取物质财富更加珍贵的东西；他把瓦列里引向美丽的大自然，引向为别人服务的劳动中。渐渐地，那双眼睛里流露出的不再是冷漠与戒备，而是善良、敏感，充满同情。瓦列里已经不再是刚刚走进校门时的瓦列里了。

在教育另一个丧失自尊的学生斯坦尼斯拉夫时，苏霍姆林斯基这样实施他的美疗：他和斯坦尼斯拉夫一起观赏樱桃树的花朵，一起阅读那些描写人，体现人的悲欢、人对人的忠实的文学作品，在斯坦尼斯拉夫的面前打开了一个真正人道的美妙世界。渐渐地，温存、善良、热忱重新回到了这个孩子的心灵。

在阅读这些令我感喟万分的教育故事时，我一直在想，对这些面临各种问题的孩子，我们这些教师能否实施这种美疗呢？在当下这样的大环境中，我们能够做的究竟有哪些？我们不能像苏霍姆林斯基一样带孩子在果园里、瓜园里度过整个暑假，我们不能在夏天的夜晚和孩子们坐在高高的草垛上观赏满天的繁星，我们也没有地方和孩子们一起栽种一棵樱桃树，我们甚至为了怕出危险而不敢带孩子去春游……毕竟，我们所处的时代、环境都与苏霍姆林斯基面临的那一切很不相同。但是，我们真的什么都不能做吗？我想，只要我们本着对孩子，尤其是那些受到伤害的孩子心存一份真挚的善意，我们就一定能够找到解决的方法。比如，我们可以带着孩子们阅读，把他们引入书的海洋，与他们一起阅读《小王子》，阅读《夏洛的网》；我们可以给他们讲故事，讲人性中的善，讲生活中的诗意；我们可以举行各种诗歌朗诵会、音乐欣赏会……这些不都是美疗吗？

我曾给小学四年级的小朋友出过一道作文题：根据丰子恺先生的漫画《雀巢可俯而窥》写一篇作文。我希望画中所传达的那种恬淡、自然与善意能够传达到孩子们的情感世界中。我请他们仔细观赏这幅画，感受丰子恺先生那份浓浓的"护生"之心，感受那份氤氲在画面中的对世间万物无限慈悲的心肠。对于那些拿着小鸭子给鳄鱼喂食而以为乐趣的孩子来说，我以为，这也是美疗。

有一个孩子由于父母离异而在精神上遭受了很大打击，他变得郁郁寡欢，一度自闭。班主任老师知道这个孩子喜欢集邮，就千方百计帮他搜集各种邮票，还动员班里的同学也尽可能地帮他搜集。后来，班里还召开了一次邮票知识竞赛，请这个孩子出题，并担任裁判。孩子的脸上渐渐有了笑容，他终于从阴影中走了出来。我以为，这也是美疗。

其实，美疗并不神秘，我们可以做的事情很多。我的耳畔至今回响着一群孩子清脆、纯净的声音，那是在一所普通的小学，一群孩子在晨诵，是金子美铃的《星星和蒲公英》：

在蓝天深处
就像在海底的小石子
日间的星星，沉落着等待夜晚的来临
在我们眼里是看不见的
虽然我们看不见，但他们存在着
有些事物看不见，但存在着

教学是教育这朵花上的一片花瓣

　　我这个迷恋文字的人，读到令人迷恋的文字必然是流泪。有时是出于感动，有时是出于惊喜，有时则说不清道不明，眼泪就悄悄地流了下来，似乎唯有眼泪才能流泻出心中的百般感触。那天给一群孩子上读书课，朗读了日本作家有岛武郎的小说《一串葡萄》，我的眼泪终于流下来的时刻是在读到小说的结尾——

　　　　从此以后，我比以前变好了，不像以前那么害羞了。每逢秋天，葡萄成熟的时候，我总是格外怀念老师，怀念老师那托着葡萄的美丽的手。

　　正是这双托着葡萄的美丽的手，使得那个极为害羞又做了错事被人当场抓住的孩子，永远地怀念、感激。小说中的这个孩子，因为克制不住对同学吉姆那盒漂亮的图画颜料的欲望，终于趁人不注意悄悄地拿走。可是他很快便被抓住了。当羞怕万分的他被送到老师面前，老师面对已经认识到错误的他，没有责备，而是从窗外的葡萄藤上剪下一串葡萄给了他，让他在办公室里平静下来。第二天，当依然羞愧的孩子来上学时，老师又让吉姆与他成了好朋友。两个好朋友一齐开心地分吃了一串老师刚刚剪下来的晶莹的葡萄。

　　我也仿佛尝到了那葡萄的甜味，那是一种令人忍不住要流泪的甜味，每一颗向善的心都能够尝到的甜味。而那位托着葡萄出现在孩子面前的女教师，就是一个天使。

　　我想说，这就是真正的教师，真正的教育。只有这样的教师才能够教育人。

苏霍姆林斯基讲了一个叫阿纳托利的男孩的故事。阿纳托利却没有像有岛武郎笔下的男孩那般幸运。他个性羞涩，学习成绩不好，老师和同学都不曾关心过他内心的苦恼，还冤枉他撕掉了学校图书馆里那本图画书上的彩画，校长命令从借阅名册上勾掉了他的名字，从此他再也没有资格借阅图书，还要蒙受来自同学和教师的羞辱。他一天一天地忍受着折磨，在学校生活的每一天都变成了可怕的受难。后来，阿纳托利终于承受不住出走了……

在这两个起因相似而结局完全不同的故事中，我们看到不同的教育、不同的教师对孩子心灵所造成的重大影响。应该指出的是，这不仅仅是一个师爱的问题。我们不能把教育中出现的许多失败笼统地归结到缺乏师爱上，如果教育工作中只要有爱就行了，教师就成了苏霍姆林斯基曾批判过的没有文化的保姆。我们必须把教育中出现的这些复杂的问题进行具体的分析。在事情还没有发展到非常严重之前，阿纳托利的老师更看重的是他的学习成绩，一旦他的成绩总是不及格，女教师就对他所有的一切产生了怀疑。她不喜欢他，不信任他，更不关心他内心的苦闷。她的态度使得班里其他同学也来嘲笑阿纳托利，冷漠地对待阿纳托利。在这样的环境中，阿纳托利把哀怨、惊恐和屈辱深深地埋在心底。终于有一天，他离开了这个对他来说无比冷酷的地方。对于阿纳托利的老师，她最初对这个孩子的不满起因于他的不及格的成绩，进而发展到对这个孩子全部的否定。在她的内心深处，成绩是第一位的，其他则是次要的，不值得关注的。那么我们推导下去，在这位教师的心里，教学是主要的，而教育工作中其他的方面，则处于次要的、从属的地位。应该说，这是她对阿纳托利的教育失败的一个主要原因。

对此，苏霍姆林斯基在致阿纳托利所在学校教师的公开信中，明确表达了一个观点：教学，首先是教育，是人的个性的道德形成，没有什么脱离教育的"纯教学"。也就是说，与教育毫无关系的教学是没有的，也是不可能的，不应当有的。教育，不仅仅是传授知识，让学生领会知识里的思想，它更应该是站在孩子面前的把这些知识和思想带进课堂的教师。他打了一个比方来说明教育与教学的关系：

教学，这只不过是广义概念的教育这朵花上的一片花瓣而已。教育中没有主要次要之分，犹如在构成美丽花朵的许多花瓣之中没有主要花瓣一样。①

　　的确，在苏霍姆林斯基的教育生涯中，他首先关注的不是学生的学习成绩，他甚至从来不给学生打不及格的分数，他对学生所进行的教育工作，首先是关注他的心灵，他把保护孩子免受苦难的煎熬看成是教师最重要的使命。成年人偶尔说出的一句话，或者一次偶然的沉默，都会像锋利的刀子一样伤害孩子。因此，小心翼翼地保护这些柔弱的心灵是教育中最复杂、最重要的任务。只有这样，教育这朵花才能开放得鲜活美丽，也只有这样，教育中的那片花瓣——教学，才能鲜活美丽。因此，必须改正教育工作中这种极端功利、片面的认识。

　　我们当教师的人应当记住：对于每一个学习困难的儿童，不管他已经被耽误到了什么程度，我们都应当让他在公民的、劳动的、精神的生活道路上站住脚。②

　　面对那些由于各种原因而学习困难的孩子，我们要做的绝不仅仅是提高他们的学习成绩，也不仅仅是教会他们生存，我们还有更高的目标，那就是教育不仅要供给他一块够吃的面包，而且能给予他生活的欢乐与自尊。这让我们不断地反思自己的行为：我们究竟有没有关注到孩子的心灵，我们所做的一切究竟能不能帮助孩子树立生活的信念，让他体验到生活的欢乐和作为人的尊严？甚至我们必须回答：我究竟有没有把这些孩子当作"人"来看待，而不管他已经被耽误到了何种程度？

　　朱自清先生在春晖中学任教时，就已经对这种教育上的短视与功利行为提出了批评。一贯平和、有风度的朱先生，一旦谈及与此，也忍不住内心的

① 苏霍姆林斯基：《我把心给了孩子们》，唐其慈等译，《苏霍姆林斯基选集》第 3 卷，教育科学出版社 2001 年 8 月第 1 版，第 12 页。
② 苏霍姆林斯基：《给教师的建议》，杜殿坤编译，教育科学出版社 1984 年 6 月第 2 版，第 319 页。

愤懑了：

> 我觉得"为学"与"做人"，应当并重，如人的两足应当一样
> 长一般。现在一般号称贤明的教育者，却因为求功利的缘故，太重
> 视学业这一面了，便忽略了那一面；于是便成了跛的教育了。①

是的，只重"学业"不重"做人"的教育就是"跛的教育"，而"跛的教育"又如何能够走远呢？教育中的功利虽不能完全剔除，但是教育更应该有超乎功利上的事，那就是教育学生做一个真正的人。事实上，朱自清先生便是用自己的一生真正践行了这一信仰。他不仅用自身的学养和才华教给学生怎样求知，他更用自己的人格与气节教育了学生怎样做人。

其实，苏霍姆林斯基又何尝不是如此呢？这位伟大的教育家，他不仅凭借着渊博的知识给孩子以营养，他更用自己高尚的道德风貌深深地影响着孩子，也影响着世界上每一个教师，他本身就是一个大写的人。

我极爱苏霍姆林斯基遗留下来的不多的几张照片。我爱看那双眼睛，那双眼睛也在凝视着我，那么深邃，满含着慈爱、理解、同情、悲悯……

---

① 朱自清：《教育的信仰》，《现代教师读本·人文卷》，广西教育出版社2006年7月第1版，第139页。

教学生读懂人的心灵

一直爱泰戈尔，尤爱他的《新月集》——

> 如果我只是一只小狗，而不是你的小孩，亲爱的妈妈，当我想吃你的盘里的东西时，你要向我说"不"么？
>
> 你要赶开我，对我说道，"滚开，你这淘气的小狗"么？
>
> 那末，走罢，妈妈，走罢！当你叫唤我的时候，我就永不到你那里去，也永不要你再喂我吃东西了。

这是泰戈尔的《同情》。我相信，任谁读了这样的诗都会忍不住发出会心的微笑。读这样的诗，我的心里总会涌出无尽的温暖与感动。诗中所表现出的孩子无比单纯、善良的心地，让我感到整个世界变得澄明。没有一丝纤尘的心，是这个世界上最宝贵的东西。

的确，世界上没有什么比人的心灵更可贵，更值得珍视。尤其是孩子的心，那是世界上最娇嫩、最脆弱、最透明的珍宝。如果有一种教育，它不关注孩子，不关注孩子的心灵，不把孩子及他的心灵作为所有教育元素中最宝贵的东西，甚至不把孩子及他的心灵的健康作为教育的终极目标，那么，这种教育就不是真正的教育，更不是好的教育。

我反复地读苏霍姆林斯基的教育遗嘱。在我看来，一个人在遗嘱中表达的东西该是心灵中最珍视的东西。而苏霍姆林斯基作为人类历史上最伟大的教育家之一，他留下的以教育为主题的遗嘱，当是反映了他教育体系中最核心的价值、理想与信念。果然，我发现，在他的八条教育遗嘱中，除了他一直强调的对祖国的爱与责任，对世界要以公民的理想与追求去观察，对人的高度的善意、体恤与宝贵的信赖，以及告诫教师要始终用知识来哺育自己，他还把要教会学生读懂人的心灵这本书作为他的一条遗嘱。在遗嘱中，他这样"寄语后来人"：

> 要教导学生把他人的欢乐和忧虑变成自己切身的欢乐和忧虑，要在学生身上形成一种最高尚的需要——需要他人，就让人成为学生精神世界里最可宝贵的珍宝吧。①

对他人心灵的体恤与洞察，培养学生细腻的情感和善良的心地，时刻意识到自己活在人们中间，并习惯以他人的快乐作为延续自己的方式，是苏霍姆林斯基反复强调的一个教育理念。

要教学生读懂人的心灵这本书，教师首先要学会读懂学生的心灵。可是在很多时候，我们并不懂得也没有意识到自己面对的是怎样的心灵。我们常常试图用指责、批评甚至虚伪的感动来打动孩子，除了破碎的闷响，我们常常听不见回声。面对那些稚嫩而脆弱的心灵，我们似乎真理在握，却不曾对自己所做的一切深思熟虑。于是，师生之间筑起了一道厚厚的蔽障，都在痛苦，却无从逾越。对此，苏霍姆林斯基的态度是果决的。他提醒教师，在任何时候都不要忘记，自己面对的是儿童的极易受到伤害的、极其脆弱的心灵，学校里的学习不是毫无热情地把知识从一个头脑里装进另一个头脑里，而是师生之间每时每刻都在进行的心灵的接触，因为只有心灵方能抵达心灵。因此，教师务必要小心翼翼地保护这些脆弱的心灵，永远不让那些处于艰难境遇的孩子知道他比别人差，让他永远不会感到他在班上跟别人有区别。这是一种"长期的、单调的、非常复杂和折磨人的艰难的播种"，无疑需要付出巨大的艰辛与努力。而能够长期支持这种努力的力量，就是那份博大的悲悯的情怀。

无疑，苏霍姆林斯基是读懂学生心灵的高手。他大量的教育教学案例都

---

① 苏霍姆林斯基：《寄语后来人》，刘伦振译，《苏霍姆林斯基选集》第5卷，教育科学出版社2001年8月第1版，第590页。

非常明显地体现了这一点。他理解孩子的心灵，关注孩子心灵中的每一次震颤，并以惊人的爱与悲悯倾听每一颗向这个世界发出呐喊的心灵，注视着每一张面对这个世界微笑或流泪的脸庞。当孩子的世界刮起了狂风，下起了暴雨，他坚定地和他们站在一起，与他们一起承受风雨，分担孩子的痛苦和忧愁；当孩子的世界展露笑颜，他由衷地分享他们的喜悦，为孩子的幸福而幸福。他知道，对孩子而言，不论是痛苦还是幸福，孩子都从内心深处渴望从他人身上得到回应，他们不能忍受冷漠与麻木，不能忍受彼此之间的无动于衷。只要孩子时刻意识到自己在别人心中的分量与位置，他就不会对任何事都漠不关心。他会更热爱人，热爱生活，热爱这个世界。苏霍姆林斯基教育孩子，要善于从他人的眼睛中看到别人内心深处隐藏的痛苦，而真正的痛苦往往不会表露于外，它需要人有一颗敏感、细腻的心灵，去体察并设法分担别人的这种痛苦。苏霍姆林斯基把这作为人不可或缺的情感素养。他认为情感素养就好比是调正了弦的小提琴，只有调正了弦的小提琴才可能演奏出美好的乐曲。那么，一个人只有懂得基本的情感素养，才能对他进行教育，才能形成公民精神和确立生活信念。

正是这样的教育，使得苏霍姆林斯基的学生逐渐学会了读懂人的心灵这本书。他们从一个 70 岁高龄的老奶奶眼睛里看到了孤独、忧郁，看到了她那颗渴望慰藉的心。于是，孩子们给老奶奶栽种了一丛玫瑰，陪伴她聊天，给她朗读童话，也听她讲雪莲花的故事，讲菊花邀请蜜蜂做客的故事。老奶奶的农舍里荡漾起孩子们欢快的笑声，老奶奶的眼睛里噙着温柔的、欢乐的泪花……其实，只是阅读这样的故事就足以令我感动，当人与人之间彼此心灵相通，就会发现，世界上最美好的事情莫过于活在人们中间，这种存在感足以使人能够安然地度过人生的每一个关口。

在教育现实中，因为不能读懂彼此的心灵而引发的悲剧时有所闻。在大多数情况下，教师、家长与孩子之间的种种隔阂与冲突，仔细想来，都是由于彼此未能读懂对方的心灵之故。我们必须坚信，教育者与被教育者都是本着美好的愿望，一方进行教育，一方接受教育。这个过程不是一个单向的过程，而是一个彼此教育与受教育的过程。在看到彼此美好愿望的前提下，其实一切的不和谐与不理解都是暂时的，那种种隔阂与冲突也都可以找到解决的途径。但在这个彼此接近对方心灵的过程中，作为教育者的教师和家长与作为被教育者的孩子之间，依然有着一种天然的顺序与差别：教师和家长在阅历、知识、情感的成熟度等方面，在大多数情况下，超过了尚处于生长阶段的孩子。这就要求教师和家长首先要作出某种姿态，这种姿态要能让孩子理解和认可，让孩子真正看到来自教师和家长心中的美好的愿望。在这种真诚的姿态和行动中，教师和家长方能逐渐接触到孩子的心灵，看到他内心深处发生的一切，并以一种同样让孩子理解和认可的方式提供应有的帮助。对于教师和家长来说，这是一个非常复杂的过程，它不但需要高度的教育技巧，更需要面对孩子心灵的极大的耐心与信赖。任何一句不经意的话，甚至一个不经意的眼神，都足以使一颗脆弱、娇嫩的童心受到伤害。而一个人在幼年、童年、少年时代受到的心灵伤害，往往需要花费极大的力气才能得以弥补，有时甚至会伴随孩子的一生，成为他终身都不能摆脱的阴影。

曾有一位知名学者告诉我发生在他自己身上的一件事：他初中毕业时，填写志愿表，老师当时在班里强调了几点填写的注意事项，要求大家不要填错，更不能涂改，否则志愿表无效。可不知为什么，当时还是中学生的这位学者却不小心填错了其中一项，于是他不得不向老师索取另一份表格欲重新填写。不料老师听了他的要求后，用带着怒气的鄙夷的目光看了他一眼，讽刺他竟连这么一件小事都做不好，还想考重点中学云云。后来，他含着眼泪重新填写了表格。事情过去很多年了，但这件事在学者身上却留下了终身难以去除的阴影——直到现在，他每次填写表格，不论是填写多么简单的表格，他都会两手哆嗦、冒汗，脸色苍白，心怦怦直跳。少年时代发生的那件事，给他留下了心理疾患。他半戏谑地把这称为"表格恐惧症"。

也许，像上述这位教师的做法毕竟是少数，一个教师在不经意中所犯的过错也并不至于都会埋下严重的后患，我们也无法对自己所做的每一件事都做到深思熟虑。但是我们不得不意识到，我们面对的是世界上最娇嫩、最脆弱的东西，那就是孩子的心灵。正因为如此，教师这项工作才更应该是如履薄冰。毕竟，教育是面向这个世界上最珍贵的财富——人。

又想起了泰戈尔笔下的那个把自己当成小狗的孩子，在我心里，这是世界上最可爱的孩子，是让我想拥抱、亲吻的孩子，只因为那颗最澄澈、率真与浸满善意的心。

师生交往是精神交往

苏霍姆林斯基的一生是真正把心献给了孩子们的。我们从他浩如烟海的著作中，从他所列举的那些与孩子们交往的动人故事中，可以深深感觉到他对孩子们深挚的爱。他曾经自问，在他的生活中什么是最重要的呢？他可以不假思索地回答：爱孩子。

是的，教师应该是爱孩子的人，这是一个教师最基本的教育情怀。在与孩子三十多年的交往中，苏霍姆林斯基不但全身心地爱着孩子们，而且他发现，孩子们所喜欢的教师正是那种本人就喜欢孩子、每时每刻都不能离开孩子、感到跟孩子们交往是一种幸福和快乐的人。作为一个精神丰富的人，苏霍姆林斯基也有疲惫的时候，也会遇到各种各样的烦恼，每逢这种时候，他总是会及时回到孩子们中间，他从孩子们身上获得了无穷的快乐和力量。因此，我们阅读苏霍姆林斯基的著作，总是能够感受到那渗透在字里行间的爱意，那发自内心深处的悲悯，像一团燃烧的火焰，温暖着每一个读者的心，照亮了每一个教育者的心灵。

作为一个伟大的教育家，苏霍姆林斯基对孩子的爱绝不限于跟孩子们呆在一起，他更看重的是与孩子建立一种真正的友谊。就实质来讲，与学生建立真正的友谊才是为师之大爱。在他看来，教师要做学生真正的朋友，并不只是跟他们一起到树林里去，坐在篝火旁吃烤土豆。教师必须与学生建立起丰富的精神交往，在思想上、智力上培养共同的兴趣，这样教师和学生的友谊才会有牢固的基础，因此，他提醒教师：

怀着空虚的心灵去接近学生是危险的。教师如果不能在精神上具备很大的优势，学生（尤其是少年）就会企图跟他建立一种狎昵的关系。而这种情况在教育上是跟脱离学生同样有害的。[1]

假若教师本身怀着空虚的心灵，他就不能以自身丰富的精神力量感染学生，他对学生的爱就建立在一种最原始的保姆式的感情基础上。学生跟他在一起，并不能真正从内心深处对他产生钦敬。在学生的眼里，教师这种几乎出自本能的爱根本不具备为师的尊严，而成为可以随意捡拾的东西，因此可以随意丢弃，把玩，或者视而不见。一旦这样的情况发生，教师与学生之间就再也不可能建立一种真正的、同志式的友谊。

现在，一提到师生关系，爱孩子、与孩子建立友谊几乎成为一个不言自明的理念。但在许多教师的心里，如何与孩子建立这种真正的友谊却并不是那么明确。正像苏霍姆林斯基所担心的，一些教师与孩子们在一起交往，不是用自己的精神力量感染孩子，打动孩子，而是采用一些非常表面的、比较随意的交往方式。遗憾的是，这种情况没有引起足够的警惕。例如，我们看到，有些教师在课堂上与学生插科打诨，谈一些与教育教学无多大关联的笑话，希望能博得学生的喜爱，但这种貌似幽默的师生交流方式往往严重破坏了课堂教学应有的纯正气氛，一种智力活动所必需的气场，一种与孩子交往所应秉持的真诚态度。还有的教师认为，与孩子成为朋友就是打破"师道尊严"，与他们混在一起，嬉戏、玩闹。最终，不但师生之间真正的友谊没有建立起来，反而在很多时候带来一些额外的麻烦，致使良好的预期未能实现。

那么，教师怎样才能具备这种足以感染学生的精神力量？又应该怎样运用自己的精神优势与学生交往？

我们来看看苏霍姆林斯基是怎样做的吧：

苏霍姆林斯基喜欢给孩子们朗读童话、诗歌，还有自己创作的一些小故事。白天，他们一起到瓜园、果园里劳动；黄昏，他们一起坐在铺满落叶的

---

[1] 苏霍姆林斯基：《和青年校长的谈话》，赵玮等译，《苏霍姆林斯基选集》第4卷，教育科学出版社2001年8月第1版，第769页。

树林深处，枝叶在飒飒作响，微风轻轻吹拂，夕阳洒在如茵的草地上。孩子们听得那么入神，大家一起编故事，写诗歌，一起感受大自然的美，感受语言创造的美。不知何时，星星悄悄出现在深蓝的夜空，他们仰起头，一起感叹宇宙的无限和永恒。

他向孩子们开放他的藏书室，让孩子在那里都能找到一本自己喜爱的书。他激发起孩子们面对知识海洋的那种惊奇感，在他们面前打开了一扇明亮的窗子。他也鼓励孩子们要有家庭藏书，要不断补充新的图书，还鼓励帕夫雷什中学的每一位教师都要热爱读书，把书作为与学生精神交往的重要媒介。

他和帕夫雷什中学的教师们一起，指导孩子们举办诗歌朗诵会，欣赏经典音乐作品，他用辩论赛、语文节等形式把孩子们引入一个充满了语言美感和精神美感的世界。

他从来不给孩子打不及格的分数。如果孩子还没有达到要求，他就耐心地等待，鼓励孩子再努力，再尝试，激发他们一直向上的美好愿望，帮助他们树立信心，使孩子感到成功的路一直被照亮着。

孩子们有了痛苦总会来找他，他小心地感受着那一颗颗稚嫩的心灵深处隐秘的情感，帮助他们增强精神上的勇气，去面对生活中的一切。

我们今天再读苏霍姆林斯基这些童话般的教育故事，如入梦境一般。但这是何等美好的梦境啊！一个教师可以这样从事教育！他是孩子们的大朋友，他们永远在一起，快乐、忧伤、激动、愤慨……孩子们知道，他不仅是一位可亲的、与他们有着共同追求与爱好的大朋友，他还是一位可敬、可信赖的师者、父亲。

不仅是苏霍姆林斯基本人用自己足够的精神力量感染着学生，在帕夫雷什中学，即使没有担任班主任的教师，也和孩子们保持着密切的精神交往。每一个教师都意识到，要与学生建立真正的友谊，成为学生真正的朋友，必须要有足够的把学生吸引到自己身边的精神财富。反之，没有师生之间这种高尚而丰富的精神交往，就没有真正的教育。

我也有一个梦想——

一所山谷里的小学校。一群孩子。和他们在一起，读书，编故事，念自己写的诗歌……

这只是我一个人的教育童话吗？

不好的学生，不好的教师

虽然这些年读过不少国内外有名的教育教学论著，但我从来没有放弃过对苏霍姆林斯基的研读。他的论著好像总也读不完。这不仅是因为他的论著内容之丰厚，还因为在这些文字中，我总能看到一个完全新鲜的世界，领会到切实有用的教育教学策略，我更发现许多当前教育界依然争论不休的问题，苏霍姆林斯基早已经分析得相当透彻，论述得非常清楚了。

> 直到不久之前，这样一种说法还是相当流行的：没有不好的学生，只有不好的教师。既然这样，那就应当没有难教的学生了。[①]

"没有不好的学生，只有不好的教师"，这样的说法不仅在苏联、在苏霍姆林斯基所从事教育的 20 世纪中叶相当流行，而且一直流行到现在，流行到当下的中国教育界。我们现在依然可以看到不少人对这个说法持赞同态度，并以此作为一个批评教师的根据。其实，这个说法早已遭到了苏霍姆林斯基的批判。他甚至采用一种他很少使用的嘲讽式的口吻来表达自己对这一说法的认识：

> 而所谓难教的学生，是无能的教师臆想出来而为自己的教育无能找借口。因此，为了保险起见，难教这个词经常被加上引号，这样做比较安全。[②]

---

① 苏霍姆林斯基:《和青年校长的谈话》，赵玮等译，《苏霍姆林斯基选集》第 4 卷，教育科学出版社 2001 年 8 月第 1 版，第 723 页。
② 同上。

在苏霍姆林斯基看来，当难教这个词被加上引号，就意味着不承认有真正难教的儿童，而有了这个前提，有人就可以以此为借口来谴责教师的无能了，而这种谴责也就使教师必须承认自己的无能却不能辩白。由此看来，"没有不好的学生，只有不好的教师"这种说法之所以几乎变成了真理，其主要原因就在于在这种无视基本事实的前提下，教师已经失去了辩白的可能。

那么，这个完全被撇在一边的基本事实是什么呢？它就是：难教的儿童确实存在。

有谁会否认难教的儿童不存在吗？我相信，每一个具有基本良知、每一个尊重基本事实的人，都应该承认这个事实。如果我们不承认这样一个基本事实，那么就等于否认我们在教育中确实面临着许多困难和问题。如果教育中没有困难和问题，也就等于否定了教育存在的价值和意义。那么，不承认难教的儿童确实存在，一切教育教学问题的研究与讨论就失去了一个基本前提。

事实上，难教的儿童不仅存在，而且在很大程度上，他们已经成为教育工作中最棘手的问题之一。面对当时苏联教育界有些人为了追求及格率而主张把一些学习上有困难的学生排除在外的说法，苏霍姆林斯基几乎是愤怒地表明了自己的态度，认为如果不停止解释那些本来就无须解释的事，如果不明确而肯定地说那些难教的儿童必须继续学习，那么这种追求及格率的说法是毫无意义的。在苏霍姆林斯基看来，难教的儿童确实存在是无须解释的，把难教的儿童留在学校继续学习而不是放弃他们也是无须解释的。遗憾的是，这样一个基本的道理，直到现在，我们还没有弄清楚——"没有不好的学生，只有不好的教师"这一说法目前还有相当大的市场，就是一个明证。

实际上，这种说法不仅明目张胆地否认了难教儿童确实存在的事实，还同时表明了这样一个观点：教育是万能的，教师也是万能的。这就意味着，不好的教师之所以存在只是由于教师的无能。这实际上就否认了教育工作的无比复杂性。我们不能不承认，世界上没有任何一项其他的工作比得上教师工作的复杂，而且正因为这种复杂，教师工作成为最具创造性和个性特点的工作之一。仔细分析，"没有不好的学生，只有不好的教师"，虽然表明了教师工作的职责之一就在于帮助难教的学生，也承认了教育是一个过程，但却忽视了这个过程中可能会遇到的困难与各种复杂的情况。正如苏霍姆林斯基所说，"难教儿童"是一个复杂的概念，每一个难教的儿童都各有自己特殊的个性、禀赋、生活背景和成长经历，可以说每一个孩子的背后都是一个独特的世界。这就注定了对他们的教育工作也必须是充满个性与创造性的，而且，在看到各种因素作用于孩子一身的前提下，必须考虑到学校、家庭、社会等各种因素对于孩子的影响，并使之能够互相配合，互相补充，让有益的教育因素起到更为强大的作用，以产生足够的力量来抵制各种不利因素，使这些难教儿童逐渐向好的方面转化。从这个意义上说，教育确实应该作为一种力量而存在，但这种存在却不是没有前提的：那就是教育力量不能被无限地夸大。毕竟，我们不能无视教育工作所面临的复杂的处境，更不能把教育失败的板子一味地打在教师的身上。

我常常反问自己：面对那些难教的孩子，我真的只能是一个"不好的老师"？我在尽力，在梦中我都在思索怎么帮助这些孩子。我也常听我的教师同行们说，那些难教的孩子在某些时候甚至已经成为他们的一种精神负担。说这些话的有些是非常优秀的教师，他们的教育教学能力与道德人品，都完全符合一个优秀教师的标准。但是，在他们的班里，依然有难教的学生存在。那么，"没有不好的学生，只有不好的教师"，这样的说法实际上已经全盘否定了所有的教师，因为在这样看似非常有理的理论下，没有一个教师是"好的"，因为在他们手下依然有难教的学生。

我们的教师已经被冤枉很久了。"没有不好的学生，只有不好的教师"，这样的说法是否可以休矣？

让善良在童年扎根

　　阅读苏霍姆林斯基的著作，我常常感觉这不是在阅读，因为我看到的不仅仅是教育的艺术与方法，在很多时候，我完全是被这些文字中所浸满的悲悯与善意深深地打动。一只受伤的小鸟，一株在风雪中挣扎的幼小的菩提树，一朵盛开的昙花，这些都曾感受过那一双双小手轻柔地抚摸，经历过那些清澈的蓝眼睛、黑眼睛、灰眼睛的充满爱意的注视。孩子们给断了腿的小鸟疗伤，把被遗弃的小猫送进暖房，给孤独的老人送去他们亲手煮的粥，在小树的周围堆满积雪，以帮助它度过漫长的严冬……孩子们就在这样的行动中，慢慢培养起善良的心地。

　　其实，在苏霍姆林斯基的道德教育体系中，培养孩子具有善良的心灵是一条一贯到底的红线。不论是对"难教孩子"的教育，还是师生关系的构建，和谐教育，乃至爱情教育，无不以善良为底色。他认为真正的教育者要唤起学生努力成为一个好人的志向，要运用教师本人教导学生所怀有的真挚诚恳的感情，激励学生成为一个好人，在心中树立与人为善的人生信念。的确，教育中若没有对善良的培育，何谈培养真正的人，何谈培养一个合格的公民？若没有善良的培育，所有的教育艺术、教育智谋、教育方法、教育理念，都将丧失其存在的意义。道理非常简单，因为否认了善良，就无疑是否认了人，否认了人的本性中最宝贵、最高尚的一部分。

　　苏霍姆林斯基讲到了这样一个故事：孩子们从森林中野游回来，在路上看到一个老人，他正心事重重地坐在路边。孩子们走上去，关切地询问能否帮什么忙。原来老人的老伴在医院病重，此刻快要死了，他在路边忧心如焚地等待着去医院的公共汽车。孩子们的话让老人非常感动，虽然孩子们不能给老人提供实质性的帮助，但老人却在极度的悲伤中感受到这可贵的世间温情。

所以，我是那么热爱狄金森的诗句——

假如我能使一颗心免于忧伤

我就没有虚度此生

假如我能使痛苦的生命有所慰藉

在酸辛中获得温情

或是让一只昏厥的知更鸟

重新回到巢中

我就没有虚度此生

生命的意义也许就在于帮助一颗心暂时从忧伤中解脱，也许就是帮助一只昏厥的小鸟回到它的巢中。在女诗人的眼里，生命的最大意义便是拥有一颗善良的心灵，这也是生命的最大慰藉。而这，也是苏霍姆林斯基心中最看重的东西。

但是，我们忽视善良教育很久了。

一位小学老师告诉我，2008年汶川大地震发生后，她组织当时班里的孩子参与了各种赈灾活动，孩子们踊跃捐款，有的把所有的零用钱全部捐献了出来，还给受灾小朋友写信，购买书包等学习物品。可就在全国哀悼日为死难者默哀的那三分钟内，还是这群孩子，当他们被集合在操场上默哀时，意想不到的事情发生了——队伍中竟有人笑出了声！默哀结束后，老师把这群孩子集中在教室，狠狠地批评了一顿……这位女教师告诉我的时候，眼里含着泪花。我知道她在反思自己的教育，同时她也对这帮孩子产生了深深的困惑。这件事也同样引起了我很深的思索：为什么会出现这种情况呢？难道仅仅是因为孩子年龄小不懂事吗？他们可以把全部的零用钱捐出来，可是却不曾捐出那颗善良的心！看来，培养善良的心地远远不是捐款那么简单。

当下，我们的教育看重很多东西，事实上，我们也确实欠缺了很多东西。我们培养孩子的生存能力、创新精神、竞争意识，我们提倡个性张扬、诚信交往，我们培养他们的各种爱好，发展他们的各种特长……总之，我们要求他们全面发展，立志成才。这些都没错，可是人的身上最可贵的品质——善良的心灵，却极少有人提及。人的教育中该有的最重要的一部分缺失了。所以，才会出现孩子们在鳄鱼养殖基地用小鸭去喂鳄鱼时的开怀大笑，才会有为地震死难者默哀时那令人痛心的一幕。假如一个人没有善良的心地，甚至善良成为被嘲弄的对象，那些我们提倡的个性、竞争、交往，乃至整个生存环境，将是一番怎样的情景？

我曾在街上见过这样一幕：一位父亲带着八九岁的儿子走在人行道上，一个衣衫褴褛的年老的乞丐向他们颤巍巍地伸出手来。儿子看看父亲，似乎想说点什么，可做父亲的却将头坚决地一摆，示意儿子跟着他走了。我无意指责这位父亲——他有选择的权利，但我是多么希望他今天的选择不是当着儿子的面！如果在儿子征询的目光下，他能够从口袋里掏出一枚硬币，送到乞丐的手中——或者把硬币转交给儿子，让儿子送到乞丐的手中，我以为这是更好的选择。

女儿小时候曾对我说，街上的乞丐大多数都是骗子，不能相信的。我很诧异，问她是谁这么说的，她告诉我，小朋友都这么说。尽管我知道这种说法并不完全错误，毕竟这个世界越来越令人匪夷所思，人与人之间已经失去了起码的信任，但我更想告诉她，事情并不像她听到的那么简单，人与人之间确实有欺诈，但正因为如此，才更需要信任。毕竟，这个世界应该向善、向上，向往光明的方向。

但这些，对于一个当时还不到十岁的小姑娘来说，要让她真正的理解，似乎并不容易。但是，教育不就是埋下一粒粒美好的种子吗？只要我们播种了，灌溉了，它们总有一天会发芽的。

我更赞赏另一个朋友给我讲的经历：夏天的晚上，她和女儿来到西湖边，朋友在喝茶，女儿喝了两口茶，就在旁边玩耍。一个乞丐走到她们喝茶的桌边，口中念念有词。朋友注意到那是一个残疾人，一只胳膊没有了。朋友掏出了一枚硬币给了他。不到半小时，又有人在她们的桌边伸出手来。她一看，还是刚才那个乞丐。朋友就又掏出一枚硬币给了他，他再次转身离去。

我问她，为什么要先后给两次？朋友告诉我，她不希望在旁边玩耍的女儿看到妈妈是冷漠的，她希望女儿能从妈妈做的这些事中感受人与人之间的温情与善良。

这个故事令我十分感慨。是的，教育就是埋下种子。你要看到玫瑰就必须种下玫瑰，你若种下荆棘就必然生出荆棘。想起了苏霍姆林斯基的话——

> 经验证明，善良之情应当在童年扎下根来，而人性、仁慈、抚爱、同情心则在劳动中、在爱护和关怀周围世界的美中产生。[1]

苏霍姆林斯基认为，善良情感应该在童年时期培养出来，否则就永远也培养不起来了。这是因为在心灵中确定真正人性的东西，与孩子们认识最初的最重要的真理和体验有着极其重要的关系。

又想起托尔斯泰的一篇短小而隽永的童话——《老爷爷和小孙子》，那里呼唤着人世间最宝贵的慈悲与善意，也揭露了那些人世间冷酷的心肠：一对夫妇虐待自己年老的父亲，不让他与他们一起吃饭，也不给他吃饱。当老人把盛饭的碗不小心打碎之后，儿子、儿媳就给他准备了一只木钵，让他以后用这只木钵吃饭。有一天，这对夫妇看到自己的小儿子也在做一只木钵，非常奇怪，儿子告诉自己的爸爸妈妈，他要用这只木钵将来给他们盛饭吃。

每一个父母、每一个教师都应该懂得，在我们非常看重的那些东西之外，还有更为宝贵的东西，比如善良的心地，那是人之所以成为人的核心所在，那是已经在我们的教育价值体系中被久已忽略的东西。

要让善良这一人性中最美好、最珍贵的东西在童年时代就扎下根来。我们的孩子，他们应该成功，但更应该善良；他们可以不成功，但不可以不善良。

---

[1] 苏霍姆林斯基：《我把心给了孩子们》，唐其慈等译，《苏霍姆林斯基选集》第3卷，教育科学出版社2001年8月第1版，第80页。

为了幸福，我们阅读

虽然我在阅读中获得了许多快乐，但似乎从来没有真正意识到，与不能阅读的人相比，一个能够阅读的人会因为阅读而获得幸福。直到我读了本哈德·施林克的《朗读者》，我对此才有了深刻的体验。在这个十五岁的少年米夏与一个叫汉娜的中年女人的故事中，始终有一个常规节目——朗读。曾经身为纳粹分子的汉娜是个文盲，却有意掩盖了自己不会读写的事实，她叫米夏朗读文学作品给她听，一直到她被捕入狱直至死亡，这种朗读都始终没有间断过。我极爱这部作品，爱它的丰富与多义，人性中最复杂、最难以言说的情感与历史、尊严、生命等元素纠合在一起，令我欲哭无泪。也正是从读到这部作品的那一天起，我真正从汉娜身上感受到一个人能够阅读、写字是一件多么幸福甚至是令人欣喜若狂的事情。

苏霍姆林斯基则把阅读看作是人生是否能够获得幸福的必要元素：

> 一个不掌握数学、不会解应用题的人，仍可以生活下去并获得幸福；然而，如果不会阅读，则不能生活，也不会获得幸福。①

在苏霍姆林斯基看来，阅读是人生的必需，一个人能否获得幸福，乃至于能否像一个人那样活着，都取决于他是否能够阅读。一个人可以不懂得数学、物理和化学，可以不会说外语，甚至可以淡化其他的兴趣爱好，就是不能没有阅读。

---

① 苏霍姆林斯基:《和青年校长的谈话》，赵玮等译，《苏霍姆林斯基选集》第 4 卷，教育科学出版社 2001 年 8 月第 1 版，第 829 页。

苏霍姆林斯基用这种看似偏激的表达方式道出了阅读对于人生的意义。作为一个不能没有阅读的人，这些年我在阅读中活过很多次，经历过许多不一样的人生，体验过许多在现实生活中没有体验过的情感，比如我在读《朗读者》时的那种欲哭无泪的感觉。甚至在读苏霍姆林斯基的这些关于教育的论著时，我也常常会流下眼泪，为教育家那种对人的无限的爱与信赖、对世间万物的那份悲悯的情怀而深深感动。作为一个教师，苏霍姆林斯基的这些文字更促使我在内心深处对自己的灵魂进行不断地审视与反思。这个过程有时非常痛苦，本能地想回避，但是只要再读这些文字，我的痛苦不但得到了理解与抚慰，而且我从中找到了许多可以借鉴的解决问题的方式。这时候，痛苦就变成了幸福。

我国民众阅读量少已经是众所周知的事，家庭无藏书屡见不鲜，一年都读不了一本书的也大有人在。在当下有意义的阅读极其匮乏的情况下，娱乐刊物、真人秀节目大行其道就不难理解了。这些完全为迎合大众口味而被迅速炮制的东西，粗制滥造、情趣低俗是其主要特征。我曾在某网站看到一则新闻，说的是某著名"超女"使用过的厕所竟被酒店封闭起来作为珍贵纪念，并以此招揽生意。这样的新闻该被看作是国人的羞耻。如果人的灵魂是高雅的，精神生活是丰富的，如果高尚的阅读充实了我们的心灵，我们就不会炫耀愚昧，也不会把低俗当高雅。

作为一个阅读者，我极其关注国内最新的出版信息。看到那些流行一时的畅销书，我也总会买来翻一翻，我很想知道这些在几天之内就可以出版的书籍究竟有什么魅力使人们趋之若鹜。遗憾的是，这样的阅读没有给我带来丝毫快乐，更没有让我感到丝毫幸福，当我每次硬着头皮读完，总会想起大哲学家叔本华的一句话："凡是为愚蠢者写作的都是会大受欢迎的。"这句话似乎过于偏激，但却说明了一个道理：警惕畅销书，阅读应该有足够的判断能力，阅读就要读经典作品。

除了国人普遍的阅读匮乏，现在，也有不少不阅读的教师。以我有限的视野看来，这是一个非常令人震惊的数字。有些教师即使阅读，其阅读的书目、时间、方式也都出现了一些问题。其实，教师并不是不知道阅读的重要性，但是他们在工作与生活中承受的太多的压力使他们总是难以静心读书。自 2006 年我当选为《中国教育报》"年度推动读书十大人物"以来，不断地有教师朋友问我关于读书的事情，其中问得最多的是：读书的时间从哪里来？其实，在我看来，时时都是阅读的时间，处处都是阅读的地点。因此，我提出了这样的理念：读书就是生活。读书应该成为一种生活方式，当我们把读书作为一种生活方式，我们就不愁找不到阅读的时间。在我的心里，读书的最高境界应该是：读书，像呼吸一样自然。在这种像呼吸一样须臾不可缺的阅读状态中，我们就获得了幸福。

我经常在想，我为什么如此迷恋阅读？这些年我一直从事语文教学研究，但我在语文教学上花费的时间和精力可能还占不到三分之一。我大量的时间和精力都花在了阅读上，花在了通过广博的阅读来完善自己的知识结构上。总有一种力量在吸引着我，总有一种声音在召唤着我，那就是阅读，是只有阅读才能给我带来的那个无限丰富、迷人的精神世界。在这些年的阅读中，在这个精神世界中，我活过很多次，也不断地经历死亡，有时沉入绝望的深渊，有时又攀上了幸福的巅峰。但无论如何，这一切都是我从现实生活的庸庸碌碌中突围的记录，是一个人至死无悔的生命历程。因为阅读，我对生活变得甘心；也因为阅读，我对生活又总是充满渴望。我甘心将自己浸入这个世界，现实的与精神的双重世界，我什么都满足，充满欢欣地参与其中；我又什么都想尝试，渴望挑战，有时自我挑战。我成了一个矛盾的统一体，我在反复地纠结中化茧为蝶。而这一切，都是因为阅读。

意识到自己作为一个人活在这个世界上，就不能拒绝阅读。因为人不能不思考，人活着不能仅仅表现为新陈代谢。那么，作为一个教师，不但自己应该把阅读当成一种生活方式，当成一种像呼吸一样自然的生命状态，我们更有责任使我们的学生走上这条可以寻觅到人之幸福的道路。就如苏霍姆林斯基那样，不但自己是一个读书人，他所领导的帕夫雷什中学的所有教师也都是读书人，而这一个由读书人组成的教师集体共同把孩子们带入了阅读这个阔大、迷人的世界。在谈到帮助孩子阅读各种书籍，尤其是那些经典的文学作品时，苏霍姆林斯基总是不吝笔墨，那些童话般的师生共读的场景令我百读不厌。在苏霍姆林斯基这里，阅读文学作品不是为了学习知识，更不是为了考试，而是为了完善人的内心世界：

> 我时刻记住这样一个重要的道理：学习文学完全不是为了让一个人在毕业以后若干年再去复习他过去背诵过的东西。生活时时刻刻在给人安排考试，人们以自己的行为，自己的活动通过了考试。人的内心世界——道德、素养和美感的形成是学习文学作品的最终目的。①

关注人的内心，完善人的内心，就是让人从内心深处成长为一个真正的人，从内心深处感受到一个真正的人才能具有的幸福，这是苏霍姆林斯基带领孩子们阅读文学作品的最终目的，也是最高目的。

我再次想起了《朗读者》中的汉娜，想起了她在狱中因为学会了阅读而欣喜若狂的情景。那么，与汉娜相比，我们这些会阅读的人，本身就已经具备了获得幸福的前提条件。

阅读吧，为了幸福。

---

① 苏霍姆林斯基：《公民的诞生》，黄之瑞等译，教育科学出版社 2002 年 4 月第 1 版，第 151 页。

回到本源与突破高原

苏霍姆林斯基始终强调阅读的重要作用，他"无限相信书籍的力量"，并把这看成他最重要的教育信条之一。阅读不仅让我们感受到幸福，也不仅帮助"问题生"开启了智慧，在教师专业发展方面，阅读所起到的作用不是任何其他培训所能替代的，尤其是在教师专业成长的某些关键时期，阅读的作用更加举足轻重。

几年前，12个年轻人加入了我的工作室。从他们身上我看到了当年的自己，于是，帮助他们成长不但责无旁贷，更成为一件十分亲切的事情。

作为他们的导师，我制订了一系列工作室学员研修计划。这个计划中涵盖了我所认为的一个青年教师必须研修的主要内容：磨课，阅读，写论文，做课题，设计、开发自己的语文课程……从进入工作室的第一天起，我们就达成了一个共识：阅读应该成为我们研修的重要内容，应该贯穿于研修的整个过程。我们在共读与研讨中渐渐发现，阅读不仅应该成为研修的核心，而且应该成为研修的起点。假如没有阅读为教师的精神打底，所谓磨课就很容易沦为一种纯粹的技术操练；同样，假如没有阅读成为教师生活的重要组成部分，所谓做科研、开发语文课程以及教育写作、教育反思就成为无源之水。因此，我们把阅读称为一种本源性研修。

本源性研修的提法基于这样的理念：优秀教师是读出来的。这句看似偏激的话语并非否认课堂教学、教育科研的重要性，而是强调阅读在教师成长中的核心作用。教师所受的专业教育，所处的教育环境，所拥有的生活经历，所秉持的教育理念，所具有的职业天赋等等，都是影响一个教师成长的因素。虽然决定一个教师能否成为优秀教师的因素很多，但我们无法否认这样一个事实：如果教师不读书，他就不能在教育教学这条路上走得很远。换句话说，一个不读书的教师，不可能成为真正的优秀教师，优秀教师首先应该是个读书人。

正是由于看到了阅读与教师成长之间这种因果关系，我们开始了不倦地阅读。可以说，我们的研修历程就是阅读历程，阅读始终是我们研修的重要板块。我们读语文专业书，读教育理论经典，还广泛涉猎人文社科类书籍。我们在阅读的广度和深度上都对自己提出了要求。比如，我们提出"有坡度的阅读"，强调教师阅读要有点难度；我们还提出"非经典不读"，强调提升阅读的品质；我们还提出"阅读的三个板块"，即专业知识、教育理论、人文视野，强调要成为一个真正的优秀教师就要通过大量的、广泛的阅读来不断完善自己的知识结构。

我们工作室的 13 位教师，就这样读起来了，读《瓦尔登湖》，在喧嚣的世界中寻求心灵的宁静与生活的简单；读《中国哲学史》，穿越那片思想的丛林，领略豁然开朗的欣喜；读《后现代课程观》，学会在开阔、综合的视野下看待课程……因为阅读，我们不断在精神上实现突围，心灵变得敞亮起来，知识结构不断完善，课堂实践不断循环上升，教育研究与反思也不断走向纵深。

阅读不仅是青年教师的成长本源，对许多优秀教师而言，阅读更多地起到帮助他们化茧为蝶、自我突破的作用。许多优秀教师都有过这样的经历：似乎总有那么一段时期，找不到前行的方向，也找不到进一步提升的突破口，个人发展似乎停滞了。这种现象被称为教师发展的"高原现象"，这段时期被称为"高原期"。

我本人没有经历过"高原期"。虽然我和大多数教师朋友一样，在二十多年的教师生涯中，也遇到不少困惑和难题，但我总是会很快步入新的轨道，一条足以不断地引发我的好奇与行动渴求的轨道，它呈上升态势，而且无限延伸。怎样觅到这条轨道？并非是我偶然的运气使然，仔细想来，无非是这些年不间断的阅读让我保有了对寻求知识的热望和清醒评判自身的能力——当然，还有很重要的一点，那就是从阅读中不断受到启迪，收获灵感，这让我总是能看到方向，看到远方的光亮。也就是说，所谓高原期其实在很大程度上是阅读缺失的结果。

我认识一位非常优秀的小学语文教师，有一段时间她对语文教材中的神话教学产生了浓厚兴趣，但进行了一段时间的研究之后，她陷入了一个比较困惑迷茫的境地，找不到突破口，进入了她专业发展的"高原期"。后来她发现要进行这方面的研究，需要比较深厚的人文阅读背景，尤其是历史、哲学、美学等不同层面的阅读背景。而这，对于师范大学小学教育专业背景的她来说，这是一个比较大的知识空白。于是，她开始通过阅读弥补自己的知识空白。她渐渐发现，神话教学远远不是把神话文本教得新奇有趣就可以了，每一个神话的诞生、流变、发展，其实都有着复杂的历史文化背景。当她意识到这一点的时候，她对神话文本的研究开始在更加丰富、深厚的人文背景下展开，阅读了不少与此相关的历史、哲学、美学等相关书籍。渐渐地，她在课堂上提出的问题摆脱了单纯的技术层面，进入了一个比较深入、开阔的探究领域，其专业发展可谓柳暗花明，"高原期"自然就不存在了。而这，在很大程度上归功于她用持之以恒的阅读行动逐渐完善了自己的知识结构。也就是说，阅读帮助她突破了自己语文教学研究中的高原期。

高原期的出现也表现为内心活力的减少或丧失。当一个教师处在发展的高原期，他必然已经历了教师生涯中较长时间的磨砺，当他的努力累积到一定的阶段，他就获得了自己所渴望的回报，甚至还有意外的回报，于是他就很容易陷入发展的高原期——因为他可能一时找不到下一步渴望到达的目标是什么。没有目标，当然也没有方向。这就意味着内心活力的减少或丧失。而内心活力的大小，甚至活力的有无，除了天性使然，还可以借助外力、从各种渠道去获得，阅读便是其中较有效果的方式之一。我读陈丹青笔录的《文学回忆录》，木心点评狄更斯的作品是一种很好的"心灵滋补"，他引用托尔斯泰的话，认为狄更斯的作品可以助人摆脱忧悒："……如果谁落在忧悒中，不妨试试：沙发、巧克力、狄更斯。"木心的说法不仅幽默，还有更加丰富的人生趣味在其中。在这里，助人摆脱忧悒的不仅是狄更斯，但主要是狄更斯；除此之外，如果还有软软的沙发和香醇的巧克力，得到滋补和宠爱的就不仅是心灵，还有身体。

这样看来，高原期的阅读就是一种心灵滋补，积聚能量，蓄势待发。一朝条件成熟，马上活力四溅，高原期自然就不存在了。而没有阅读，不但不可能活力四溅，连高原期也不能持久——教师向高处提升自己的速度可能比较缓慢，但下坠的速度是很快的。

第三辑

以天地为课堂

什么是教师的首要工作

什么是教师的首要工作？

如果我没有阅读苏霍姆林斯基的著作，我可能会给出各种答案：

帮助学生获得必要的知识；

帮助学生形成自主学习的能力；

使学生爱上读书，终身与书籍为友；

发展学生的各种兴趣、特长，使每一个孩子充满自信；

……

我相信，这可能也是大多数教师的答案，只是表述上可能会略有差别罢了。这些答案似乎都没什么不对。但是，如果我们深入思考一些在教育教学实践中遇到的问题，如果我们能够透过一些表面现象看到背后所蕴藏的本质，我们可能就会有完全不同的认识。

有的孩子上课昏昏欲睡，似乎什么都不能引起他的兴趣。尽管教师使出浑身解数，他的注意力也只能维持几分钟，之后他的眼神就变得茫然了，思维早已不知飞向何处。这些孩子的学习成绩可想而知。出现这种情况，也许有人会认为是教师的教学出现了问题。但除了从教师教学的角度去思考这个问题，是否还有别的原因呢？

有的孩子学习非常吃力，教师和家长用尽各种办法给予帮助，都收效甚微。于是，教师就开始怀疑是孩子本身的智力发展出现了问题。但是，真的只是智力方面的原因吗？

有的孩子整日郁郁寡欢，没有儿童应有的天真活泼、朝气蓬勃。有人会认为这个孩子天生性格内向。同样，我们可以追问：真的完全是性格方面的原因吗?

这些在教育教学实践中司空见惯的问题,我们却很少去细究其背后的东西,似乎一切都是不言自明的。但正是这种教育工作中的简单化和想当然,致使这些问题永远成为问题,成了教师和家长费了九牛二虎之力都依然不能解决而备感头痛的问题。

那么,这其中究竟出了什么问题?当我们按照常规的理解履行了常规的做法,却依然不能奏效,我们就要换一种思路。这就好比医生给病人治疗,若常规的治疗方法不能起作用,医生就必须重新考虑:药是否对症?有没有更恰当的用药方案?但有一个问题往往医生不愿意去考虑,病人家属也常常想不到,那就是:对这个病人的诊断是否出现了误诊?也就是说,他得的也许根本不是这种病?事实上,因为医生误诊致使病人病情加重甚至死亡的情况并不鲜见。其实,在对人的教育问题上,这类"误诊"也很常见。当教师和家长未能找到问题的真正症结时,所有努力的效果都将大打折扣,甚至付之东流。

对我们遇到的那些常见的难题,比如上文提到的学生精力不济、学习吃力、性格忧郁等,苏霍姆林斯基经过几十年的观察与研究,得出的答案是:这些学生中有 85% 的人是由于身体健康出了问题。他发现,所谓思维迟钝,在绝大多数情况下并不是由于大脑皮层的生理和功能改变,而是由于孩子的整个机体出现了毛病。因此,在苏霍姆林斯基看来,孩子的身体是否健康是关乎孩子身心发展的众多因素中的决定性因素。因此,他一再强调:

> 对健康的关注——这是教育工作者首要的工作。孩子们的精神生活、世界观、智力发展、知识的巩固和对自己力量的信心,都要看他们是否乐观愉快、朝气蓬勃。[1]

苏霍姆林斯基把孩子的身体健康看作是教师的首要工作,因为孩子的

---

[1] 苏霍姆林斯基:《我把心给了孩子们》,唐其慈等译,《苏霍姆林斯基选集》第 3 卷,教育科学出版社 2001 年 8 月第 1 版,第 138 页。

一切，包括精神、世界观、智力、知识的学习和自信心都是取决于他的身体是否健康。只有身体健康，孩子才会乐观愉快，才会朝气蓬勃，否则一切免谈。这是一个最简单不过的真理。但正是这个最简单的真理，常常被我们在无意中忽略了。无论是教师还是家长，对于孩子的教育，我们似乎关注的问题太多了，我们忧心的问题也太多了。但对于孩子的健康，我们却很少真正给予充分的关注。也许有些教师和家长并不同意这个说法——我们不是有体育课吗？我们不是也会带着孩子散散步，假期去爬爬山吗？但是，把我们在孩子的学习上所花费的时间和精力，与真正花在孩子身体锻炼上的那部分相比，孩子的健康就变成了一种"业余生活"，充其量是一种调节、一种补充，在很多情况下是可以忽略不计的。一个教师可以花费两个小时给几个学习困难生补课，却不舍得放他们到操场上玩耍十分钟；一个家长可以整个周末带孩子去上各种兴趣班，却很少让孩子在游泳池里戏水半小时。仔细想想，我们确实没有像关心孩子的学习那样去关心孩子的健康——往往是只要孩子不生病，我们的目的就达到了。但这样做的后果往往事与愿违，很多孩子的身体素质极差，星期一早晨升旗仪式上常有孩子支持不住昏倒在地；每逢天气突变，不少孩子就会伤风感冒。至于近视、莫名其妙的头痛、胃痛等现象更是屡见不鲜。

我认识一个正在上高二的女孩，学习成绩优异，在当地最好的中学读书，她的父母都是教师。女孩从小在海边长大，可令人奇怪的是，女孩至今都是旱鸭子。原来，孩子的父母平时工作很忙，更怕她分散精力耽误学习，竟一直不肯让她学游泳。这当然是比较特殊的例子，但足以说明大多数教师和家长的心态：只有孩子的学习才是至高无上的。

在上述情况下，教育不仅未能促进孩子的健康，反而成了对孩子健康的基础的摧毁行为，这样的教育是最坏的教育，也已经从根本上颠覆了教育的本质。

苏霍姆林斯基十分重视孩子的身体健康，他与家长的谈话大多数都是围绕着孩子的健康进行，指导家长如何采取各种措施改善孩子的饮食结构，增强孩子的体质。他总结自己在孩子们入学头四年的教学工作中所有的那些操劳和焦虑，多半都是为了孩子们的健康。孩子们赤着脚上学，在碧蓝的湖水里洗澡，在高高的草垛上睡觉，在瓜园和果园里度过整个假期。他们放牛、骑马，也割草，帮大人收获粮食。他们种下苹果和葡萄，把累累的果实送给孤单的老爷爷和烈士的母亲。他们也进行体育锻炼，但不是为了比赛，而是为了锻造自己完美的体魄。他们进行体育运动，但不把速度放在第一位，而是比赛谁的动作漂亮、优雅、协调。经过了这样的劳动和锻炼，孩子们食欲旺盛，不再挑肥拣瘦，令家长最感头痛的饮食问题迎刃而解。苏霍姆林斯基充满自豪地回忆了孩子们小学毕业时的情景：暑假的最后一天，孩子们在湖水里游完泳，集合在绿色的草地上，一个个皮肤晒得黝黑，身体挺拔而匀称。他们当中，没有近视，没有贫血，没有支气管炎，那些最初入学时身体有着各种各样毛病的孩子，都在这样的劳动和锻炼中完全恢复了健康。

童年时，我是一个不太听话的野丫头，仗着自己的小脑瓜还算聪明，学习上基本不牵扯多大精力。既然学习上不用用功，我就总是不那么循规蹈矩，变着法儿地到处跑，练就了一副运动员的身板。那时母亲一个人在家，里里外外都靠她，因此她很难无时无刻地控制我，骂过几次之后，见我并不惹事，也就由我去了。麦收时节，每天放学后我就跑到田里拾麦穗。大人们看我干得起劲，就常常买一支五分钱的雪糕奖励我，我总是高兴地接过来吮吸着，那种甜滋滋的味道至今难忘。暑假时，田野里青草长得十分旺盛，正是给牲畜储存饲料的最好时节。我家没有牲口，但我依然不甘寂寞，就帮助小伙伴一起拔草。我们赤着脚在湿润的田埂上奔跑、追逐、嬉戏，脚趾缝里沾满了泥巴也毫不在乎。一个暑期下来，我们的脚板上磨上了厚厚的一层老茧，走在满是沙砾的河滩上也不觉得疼。

我的女儿是个爱阅读但不太用功的孩子。我很满意她目前的状态。看到她被晒成小麦色的皮肤和因为游泳而日趋挺拔的身体，比她考试得一百分更让我快乐。但当我看到苏霍姆林斯基为了孩子们的身体健康所做的一切，我依然惭愧不已——我们已经做的、正在做的、想要做的，其实还处在那么盲目而狭小的空间内，甚至在很大程度上远离了教育，远离了人这个教育中最根本的核心。

其实，还有什么可犹豫的呢？如果教育不是首先维护人的快乐、健康的存在，教育中的其他一切智谋、手段、理论、信念，都失去了存在的根本前提。

叔本华在谈到健康与幸福之间的关系时说："幸福系之于人的精神，精神的好坏又与健康息息相关。……不管其他幸福是功、名、利、禄、学识，还是过眼云烟似的感官享受，世间没有任何事比健康来得更重要了。"那么，我们完全可以响亮地回答本文开头提出的问题：教师的首要工作就是关注并维护孩子们的健康。因为，这是一切教育工作最核心的所在。

儿童的智慧在手指尖上

　　在苏霍姆林斯基的教育信念中，让学生从事劳动始终是非常重要的一部分，几乎与提倡学生阅读一样重要。

　　在帕夫雷什中学，每一个孩子都必须参加劳动，而且都找到了自己喜爱的劳动，并且在劳动中培养责任感，发展自己的智慧。他们有的参加机器模型小组，入迷地装配机床和发电机；有的参加园艺小组，将苹果树的幼芽嫁接到别的果树上；有的参加木工小组，不仅能制作木屑制砖机，还能把刨花和锯屑制成用于卫生技术上的隔热材料……这些孩子在自己喜爱的劳动中动手、思考、创造，其中不仅有在这些领域具备一定天赋的孩子，还有一些智力发育迟缓、学习遇到困难的孩子。在苏霍姆林斯基看来，越是这些在学习上遇到困难的孩子，越应该参加劳动。他发现，凡是那些热爱劳动的、双手灵巧的孩子，他们往往聪明、好钻研，学习上很少遇到困难。因此，苏霍姆林斯基根据自己几十年的教育经验作出了这样的结论：劳动在智育中起着极其重要的作用，儿童的智慧在他的手指尖上。

　　他极力把学生，尤其是那些在智力上发育迟缓的学生引入一种他所喜爱的劳动中去。这种劳动并不是随便什么劳动，而是指那些复杂的、创造性的劳动。只有在这样的劳动中，才能有思想，有巧妙的技能和技艺。因此，这种由手和大脑共同参与、配合的劳动，对孩子的智力发育将起到非常关键的催化与唤醒作用。

　　在劳动中发展智慧，是一种极具创造性的教育活动。这也许会让今天的教师感慨万分。现在的孩子太缺乏劳动了。不仅缺乏真正的体力劳动，更缺乏那些精细的、需要动脑筋的劳动。现在的教育太缺乏这种对孩子展开的真正精细的研究了。我们的眼睛始终紧锁在孩子的分数上，紧锁在某些立竿见影的"措施"上。面对那些智力发展迟缓的孩子，他的大脑结构究竟是怎么回事，怎么才能把他的智慧激活？苏霍姆林斯基以自己多年的观察与研究，提出了让孩子在动手中发展智慧的建议。

对此，有些教师可能不以为然，因为似乎找不到更为"科学"的论据。其实，苏霍姆林斯基的这一结论绝不是偶然得出的。他发现：

> 在人的大脑里，有一些特殊的、最积极的、最富创造性的区域，依靠把抽象思维跟双手的精细的、灵巧的动作结合起来，就能激发这些区域积极活跃起来。[1]

这种结合非常重要，否则大脑的这些区域就将处于沉睡状态。必须注意的是，如果错过了儿童和少年时期，他们大脑中的这些区域就永远无法唤醒了。

我以为，这是苏霍姆林斯基非常重要的科学发现，是他教育成果中最有价值的一个组成部分。他已经用自己的实践成功地证明了这一点。他介绍了一个叫别特里克的孩子，头脑迟钝，完成的作业非常粗糙，经常出错。在劳动课教师阿·阿·沃罗希洛的帮助下，别特里克开始使用精细的手工工具学习加工塑料、木料和软质金属。这样的劳动教育持续到六年级，别特里克的作业就变得既工整又漂亮了。在别特里克的成长过程中，劳动起了非常重要的作用，在锻炼手的同时，他大脑中那些沉睡的区域也被唤醒。

但是，在我国当下的教育大环境中，要实施这种手脑结合的劳动教育面临着不少困难。在此，我无意去深入讨论这些困难的成因，只是希望在无法改变大环境的情况下，思考一个更为实际的问题：教师在这方面能够做些什么？

我听过一个青年教师执教小学语文课《棉花姑娘》，给我留下深刻印象的不是这节课本身多么精彩，也不是教师的基本功多么令人称道，使我不能

---

① 苏霍姆林斯基：《给教师的建议》，杜殿坤编译，教育科学出版社 1984 年 6 月第 2 版，第 109 页。

忘记的是孩子们戴着那些美丽的头饰表演童话故事的那一幕。在那节课上，孩子们分别戴着小青蛙、小燕子、啄木鸟和棉花的头饰，表演、朗读、想象，在这个过程中理解课文，进行语言积累和说话训练，孩子们学得非常投入，每一个孩子脸上都带着可爱的微笑。这节课当然上得非常成功。课后，我问这位青年教师，这些漂亮的头饰都是哪里来的？老师微笑着回答我，是孩子们和她一起动手做的。我想，这节课之所以取得比较好的效果，除了教师本身的素质与恰当的教学目标定位，在很大程度上与教师运用这些美丽的头饰创设了情境，激发了孩子参与的热情有很大关系。确实，再也没有这种让孩子们亲自动手参与创作并使用这种成果更能激发孩子这种学习的热情了。

当然，这并不是说所有的小学语文课都要这么做，语文学习毕竟没有这么简单。我只是想我们的教师——不仅是小学语文教师，能不能也多一些这样的尝试，让孩子们真正动手开展学习？比如，数学课可以让孩子们帮助制作教具；美术课可以让孩子们动手的天地就更为广泛，孩子们可以尝试剪纸，编中国结，还可以制作布娃娃、不倒翁，等等；更不用说在劳动课上的积极参与了。只要教师有心让孩子将手脑结合起来，就一定能找到各种机会和渠道。

我曾经参观过一所学校，这个学校的每个孩子都会剪纸。剪纸作为中华传统文化的一个组成部分，孩子们非常喜爱，并有许多令人惊喜的创造。我在这所学校的走廊上，每个教室的墙面上，每一扇玻璃窗上，甚至洗手间的门上，都看到了孩子们的剪纸作品。这些作品有的取材于中国民间传说，有的取材于《西游记》等古典名著，还有的是各种动植物，色彩各异，图案复杂而精美，令人难以置信是出自儿童之手。我这个笨手笨脚的人，在这样的作品面前唯有感叹、羡慕的份。我想，与其说孩子们在动手裁剪这些美丽的图案，不如说他们在用自己的双手和智慧创造更美好的生活。

我的一个同事，她的女儿十分优秀，在国外读完了高中，又以当地所有考生总分第一名的成绩获得全额奖学金，目前在一所世界一流大学攻读经济学的双学位。我向同事讨教家庭教育的经验，她告诉我，她觉得最成功的是女儿小时候让她学习弹奏古筝，每天练一个半小时，从未间断过。她觉得这样的演奏不仅开发了女儿的智力，还锻炼了她的意志和恒心。虽然女儿最终没有选择音乐这条道路，但在学习弹奏古筝的过程中所得的收获，都为她以后的学习起到了至关重要的作用。

我想，同事家庭教育的成功，除了证明这种教育对意志品质方面的良好影响，也该算是利用双手发展智慧的一个有力证明了。

让孩子动动手吧。要知道，捆绑了他们的双手，就等于束缚了他们的智慧。

以天地为课堂

　　"我们面前的田野就像碧波万顷的大海。树林犹如一座座绿色的小岛。鳞次栉比的盆地，连绵不断的丘陵，此起彼伏的浪涛，庄严肃穆的陵墓，错落有序的树林，所有这一切就像那神奇的海底王国一样向远方伸展。而那辽阔的空间，田野上空微微晃动的雾气则像被太阳所照耀的透明的水底一样……"[1]

　　这是一个初秋的日子，苏霍姆林斯基带领孩子们来到田野，他们的面前展现出一派迷人的景象。置身其中，孩子们领略到了一种在教室内不可能感受到的东西———种空旷的美。在这里，他们发现了各种极为微妙的色彩的变幻，聆听了那来自大自然深处的美妙的乐音，他们幻想，惊奇，喜悦，为能够活在这个世上而感到巨大的幸福。苏霍姆林斯基的学生莉达就忍不住发出了这样的慨叹："活着真好啊！……"

　　"活着真好"，这样的感叹使我感动不已。当一种教育能够让孩子如此热爱生活，热爱这个世界，这种教育就是世界上最美好的教育，也是真正的教育；当一个教师能够帮助孩子用自己的眼睛和心灵发现生活的美，感受到世界的永恒，这样的教师就是真正的教师，也是最优秀的教师。苏霍姆林斯基的教育就是这样的教育，苏霍姆林斯基就是这样的教师。

　　以天地为课堂，以大自然作为"思想和语言的源头"，是苏霍姆林斯基教育体系中的核心理念之一，也是他的教育教学实践中分量最重的一部分。

---

[1] 苏霍姆林斯基：《公民的诞生》，黄之瑞等译，教育科学出版社 2002 年 4 月第 1 版，第 295 页。

在他看来，观察和感受周围世界的美，是理解和感受生活的喜悦和生命美的主要途径之一。只有在对大自然的观察与感受中，才能真正理解人在这个世界上存在的意义与价值。

当一个人看到晚霞和蓝天上飘浮的云彩时能发现它们的美，当一个人能聆听夜莺的歌唱并赞赏空间的美时，他才成为一个人。[①]

苏霍姆林斯基把引导学生观察和感受大自然的美作为对学生进行道德与情感教育的重要手段之一。这与其说是一种教育手段，不如说这是苏霍姆林斯基坚定不移的教育信念。他把自己创办的针对学龄前一年孩子的"快乐学校"称为"蓝天下的学校"，这所学校正是这种教育信念的活生生的成功实践。在这所"蓝天下的学校"里，这群幸运的孩子感受到了世界的永恒的美，他们不仅热爱生活，热爱这个世界，他们的思维、知觉、听觉、观察力、感受力都得到了最恰到好处的开掘，教师与大自然共同开启了他们的智慧。对那些在家庭中受到伤害的敏感、易怒、对世界充满敌意的孩子，苏霍姆林斯基除了利用书籍的力量，还把他们带到大自然中去，引导他们欣赏大自然的美，在一次又一次美的观察与体验中，孩子心灵的冰块慢慢融化，原本冷漠、敌对的目光变得柔和起来……大自然成为苏霍姆林斯基倡导的"美疗"的主要基地。

爱默生曾高度评价了大自然的美对于人精神的影响：

对于一直禁锢在有害的工作或事务之中的身心来说，大自然倒是一帖良药，能使身心恢复常态。商人、律师走出喧嚣扰人的和处处钻营的街道，仰望天空，凝视树木，会重新感到自己是一个人了。[②]

---

① 苏霍姆林斯基：《公民的诞生》，黄之瑞等译，教育科学出版社 2002 年 4 月第 1 版，第 291 页。
② ［美］爱默生：《美是宇宙的一种表现》，《现代教师读本·艺术卷》，广西教育出版社 2006 年 7 月第 1 版，第 6 页。

是的，当人处在大自然万物永恒的美中，人就重新发现了自己。

苏霍姆林斯基则一再把大自然称为"思想与语言的源头"。他不能设想没有带孩子们到家乡各处去旅行和参观，没有对自然景色的观察和体验，没有试着用词句来表达自己的情感，教师能够进行语言教学。他认为脱离大自然的语言教学与思维训练都是不可能成功的。在河岸边，在田野里，在夜间的篝火旁，在灿烂的星空下，在淅沥的秋雨中，在大雪纷飞的冬夜，他教给孩子们怎样用恰当的词语说出他们的观察和思想。他们曾经饶有兴味地观察一棵覆盖着白雪的松树，发现了它在晚霞的照耀下魔术般的色彩变幻：时而呈淡淡的粉红色，时而变为橘红色，一会儿又呈绛红色，然后又变为紫蓝色……孩子们兴致勃勃地编起了小诗描绘眼前的景象，他们用自己的语言和神奇的想象展现了丰富的精神世界。

我是多么迷恋这样的教学场景：为了教会孩子们读写"牧场"这个词，更让孩子们感受到"牧场"这个词的美和它的细腻色彩，苏霍姆林斯基带领孩子们来到了一片阳光灿烂的辽阔牧场。他先用诗一般的语言描述了牧场上嗡嗡唱的蜜蜂，翩翩飞舞的蝴蝶，正在吃草的牛群，盛开在草地上的各色的野花，然后就在画本上画起牧场来，又在画好的图画上题写了"牧场"字样。孩子们早已按捺不住，也兴致勃勃地画起来。谁也不曾有意一定要记住"牧场"这个词，但就在这个过程中，每一个孩子都在不知不觉中学会了读写"牧场"这个词，更重要的是，他们不仅学会了这个词的读写，而且感受到了语言本身的美，看到了语言所展现的细腻的色彩。

在大量类似的实践中，苏霍姆林斯基愈来愈坚信自己的信念是正确的，那就是：必须在大自然这思路和语言的源头去教会孩子们思考，去发展他们的智力和才能。否则，教育教学就是沦为师生共同的沉重负担，成为令人窒息而无法超拔的劳役与苦难。

在苏霍姆林斯基的著作中，我们不止一次地看到，孩子们在教师的带领下来到辽阔的草原，来到茂密的森林深处，来到铺满厚厚的积雪的山峦之下，他们学习读写，学习编写诗歌和童话故事，他们也劳动，嬉戏，锻炼身体。大自然成了孩子们最自由、最美好、最开阔的生命乐园。在这个乐园中，他们不仅学会了语言，学会了思考，他们的身体也变得健康、结实，精力也更加充沛。读着那些生动的描述，我的眼前仿佛出现了一幕又一幕令人无比神往的画面：孩子们在老师的带领下，在新鲜空气中、在行军中、在野外的休息点上、在森林里的游戏和玩乐中，度过秋假、春假、寒假和暑假。他们在山坡上滑雪，乘着雪橇穿过树林；他们在碧蓝的湖水里游泳，赤脚走过岸边的草地；他们骑着骏马去村子里运土豆、面包；他们在果园里收西瓜和甜瓜，在草原上放马、放牛，在蜂场里帮助农庄人员采集蜂蜜，在学校后面的小山坡上种植苹果和葡萄……没有感冒，没有近视，他们个个被阳光晒得黑红、健美，个个开朗，自信。

想起了亚米契斯的《爱的教育》中老舅父的话："强烈的土的气息、麦叶的气息、森林的气息，是人的最好的药物。"病病恹恹的少年安利柯就是在舅父这样的教育中，很快恢复了健康。曾经身为船长的舅父，对安利柯的教育和帮助，也正与苏霍姆林斯基一再倡导的理念相一致。我想，这当是不折不扣的"美疗"了。

如果说亚米契斯的教育理念是在教育小说这一类文学作品中展现，那么苏霍姆林斯基则完全用自己的实践诠释了这一理念。以我们今天的眼光看来，苏霍姆林斯基给我们描画的这幅教育场景几乎是一个童话。但是，它又确确实实存在过。也许，以我们今天的处境要实践这种童话般的教育是困难的，但这并不意味着我们应该绝望，况且，实践这样的教育，我们并不是毫无余地，尤其是在农村学校，如果我们有足够的远见和胆识，在这方面可以施展的天地是十分广阔的。即使是在城市学校，也完全可以利用各种假期组织一些适当的活动，创造一些让学生亲近大自然的机会。我到过不少农村中小学校，它们具有得天独厚的自然资源，但并未得到有效的利用与开发，却到处寻觅所谓的教育教学资源。在这种情况下，城市学校似乎就更具备把学生封闭在校园内的理由了。也许，这不是某一个教师的事情，也不是某一个学校的事情，毕竟，当下教育的大环境中更多地趋于急功近利，学校与师生承受的应试的压力似乎愈加沉重，但是，这并不应成为教育沦陷的借口——美好的、符合人性的教育毕竟是我们追求的目标，它是一种信仰，一种激励我们的力量。人总是向往光明的，针对人的教育也同样应该如此。只要我们把人放在第一位，我们就一定能够突破当下坚固的壁垒，教育的天地将变得广阔而充满魅力。

在阅读苏霍姆林斯基的日子里，我的耳边总是响起他在牧场上教孩子们观察的话语，那是我听不懂的俄语或乌克兰语，但我又确实听懂了——

> 你们看，我们面前多美。草上有蝴蝶飞舞，蜜蜂在嗡嗡唱，远处的牛群像玩具一样。看上去，牧草地好像一条淡绿色的河流，而树木像是深绿色的河岸。牛群在河里洗澡……听见小飞虫的嗡嗡响和蝈蝈的歌唱了吗？①

---

① 苏霍姆林斯基：《我把心给了孩子们》，唐其慈等译，《苏霍姆林斯基选集》第 3 卷，教育科学出版社 2001 年 8 月第 1 版，第 106 页。

劳动是一种精神的培育

近几年，由旅行社组织的各类农庄采摘休闲游活动忽然兴旺起来。每逢杨梅、枇杷、樱桃等水果成熟的季节，报名参加的人数非常踊跃，尤其是带着孩子参加这类活动的家长更多。的确，在城市里生活惯了的人们，谁不想亲手摘下那最新鲜的果实吃个够呢，而且这本身也是一次难得的休闲机会。

江南郁热的初夏，我也经不住诱惑，带着当时还在上小学的女儿现场体验了一回采摘杨梅。那天早晨，我和女儿与一群游人一起在导游的带领下来到郊外的一座杨梅基地，同去的还有一位朋友和她的儿子。我们爬到了半山腰，来到一片杨梅林里，马上被那累累的果实给吸引了。杨梅沉甸甸地挂满枝头，有的足有乒乓球那么大，红得艳丽，紫得发黑，让人直流口水。孩子们欢叫着在大人的帮助下爬到了树杈上，开始一边采食一边说笑。人们的嘴巴里塞满了杨梅，红红的汁水顺着小孩子的嘴角流下来。渐渐地，吃饱了杨梅的游人们开始嬉闹起来，有的故意摇晃树杈，看那些成熟的杨梅从枝头坠落；有的竟用杨梅作武器玩起了投掷。爱热闹的小孩子们也不甘示弱，纷纷参与了这场游戏。不一会儿工夫，一颗颗杨梅碎落在地上，红色或紫色的果肉溅在树下的泥土和落叶上，分外刺眼。

这一幕令我十分气愤，同时又感到非常沉重。我们这些游人竟然如此糟蹋果农的劳动成果！不错，我们是预交了采摘的费用，据说远远超过从超市购买水果所花的钱，但这就能成为我们如此糟蹋果实的理由吗？

我和朋友制止了几个正在用杨梅打闹的孩子，几个成年人见状，也讪讪地停了手。

在返回的车上，我陷入深深的懊悔中：不该带女儿来参加这样的活动。这一幕不但在孩子们的心里种下了不劳而获的种子，更可悲的是，孩子们亲眼看到了人们是如何不尊重劳动，而这些糟蹋劳动的人正是他们的爸爸妈妈！为什么有些人会做出这样的事呢？为什么那些鲜红的果实碎落在地上竟没有人有丝毫心痛呢？我想到了那些因长年劳作而皮肤黝黑的果农们，我不能想象，当他们看到自己辛辛苦苦种下的果实被人如此糟蹋会是一种怎样的心情。他们一定会心痛，甚至会咒骂……

是的，对这些果农来说，这些甜甜的果实里渗透的是多少个日夜的劳作与汗水，是心头无数美好的希望与期待。而对于我们这些前来采摘的游人来说，这一切似乎都没有多大关联。但问题恰恰就在这里。没有劳动的亲身体验不但会助长不劳而获的想法，更会使人淡漠、轻待别人的劳动成果。不尊重劳动就是不尊重人，而崇拜、向往不劳而获则往往成为一个人坠入深渊的罪恶根源。

苏霍姆林斯基十分注重对学生的劳动教育。我们在他的著作中可以看到他用大量的篇幅介绍劳动教育在他整个教育体系中的重要地位。在谈到劳动对孩子精神生活中的作用时，苏霍姆林斯基举了一个例子：一棵生长了10年的橡树，因为一年之后要在它生长的地方建造农业大楼，人们决定砍掉它。但是，孩子们决定不这么做，而是要进行移栽。尽管这件事做起来并不容易，但他们要让这棵橡树再生长200年甚至300年，要让许多人在它的枝叶下感受生活的乐趣，正是这种愿望让孩子们克服困难，齐心合力挖掘泥土，终于把大橡树成功地移植到别的地方。就在这样的劳动过程中，孩子们理解了劳动的意义，那就是：只有劳动，才能给人带来欢乐，带来幸福。

必须注意的是，在苏霍姆林斯基的劳动教育中，劳动不仅是一种教育手段，更是一个教育过程。他引导孩子们为自己的亲人种下苹果树和葡萄，栽下玫瑰和蔷薇，培植小麦和大豆，把第一批果实送给自己的亲人，用自己种的小麦磨成的面粉做成面包，请亲人和老师品尝。当人们品尝着那甘甜的果实和香喷喷的大面包，孩子们心中涌出了一种巨大的欢乐和幸福，这是做其他任何一件事都无法带来的。为了这一刹那的幸福感，一个人要劳动几个月，这就是劳动的巨大的教育力量。这一刹那，不仅使孩子在情感发展和道德发展上获得提升，而且在孩子的心中留下了深刻的痕迹。孩子们感受着那最美好情境的一瞬间，也深刻地了解了别人的内心世界。在这里，劳动就不仅是一种教育手段，它更是一个极其宝贵的教育过程。

在我国当下的中小学教育中，劳动教育严重缺失，有的则流于形式，甚至在有些时候劳动变成了一种惩罚——我曾听说过一位教师因为一个学生黑板没擦干净就罚他擦黑板一星期的事情。而在大多数情况下，教师似乎很难找到空间对学生进行劳动教育。除了城市学生基本没有参加劳动的机会，大量农村学校也从来不把劳动作为一种正面的教育手段，反而常常把它当作训诫学生的东西："不努力学习就要留在农村吃苦受罪！"

但是，我们真的没有任何空间对学生进行劳动教育吗？劳动教育又如何发挥它的积极的教育作用？在一些城市学校，校园卫生有专门的清洁工人负责清理，学生的餐具也由学校统一洗刷，或者干脆带回家请家长代劳，学生把这一切视为理所当然。这样做的确省去了不少麻烦。但是，没有劳动在教育中的参与，教育中的其他方法、手段、智谋将在很大程度上丧失其意义，因为教育归根结底是人的教育，而且从本质上说，一切教育方法、手段和智谋本身就是劳动，其期望取得的教育效果也必须以劳动为基石。一个人在童年、少年时代对劳动的体验是极其宝贵的，那种对劳动的鄙薄与忽视，将在成年之后成为冷漠、懒惰、不思进取，甚至走向歧路的根源。

犹如犁铧因天天耕地会脱锈而光洁如镜，人的心灵也会由于劳动，克服困难，勇敢地对待失败，不为成绩所迷惑而闪闪发光。[①]

劳动关乎心灵，在劳动中培育了闪光、坚韧与勇敢的心灵。

也许以我们现有的处境无法像苏霍姆林斯基那样带领孩子们在果园和瓜园里度过假期，无法把荒芜的山坡改造成茂密的葡萄园，我们也没有机会帮农民搬运西瓜、采集土豆，但我们起码应该做到：教育孩子从身边的一些小

①苏霍姆林斯基：《帕夫雷什中学》，赵玮等译，教育科学出版社1983年2月第1版，第212页。

事做起；从自我服务做起，从尊重身边的劳动者做起，懂得只有劳动才能创造欢乐和幸福，包括在劳动中培育起对亲人的责任与忠诚。

我一直记得不知在哪里看过的一个小故事，每次想起总令我悲欣交集：一个小男孩家里很穷，为了给妈妈买一件生日礼物，他每天到处捡废铁去卖，把钱一分一分攒下来。后来，妈妈的生日快到了，可他的钱还没攒够。那天他不肯回家，跑了更多的地方去捡，终于在天黑前把买礼物的钱凑够了。他用这些钱买了一个漂亮的琉璃发卡，他幻想着妈妈戴上发卡后一定十分美丽。生日那天晚上，正焦急万分等待他的妈妈看着儿子满脸的污垢和汗水，看着儿子递过来的那个发卡，她含着眼泪接过这珍贵的礼物，把儿子紧紧地搂在怀里……

我想，假若这个孩子有机会参加杨梅采摘活动，他是不会把杨梅随意丢在地上的。说到底，劳动不仅是对身体的锻炼，更是对精神的培育。

记忆也需要情感与色彩

与一些执教小学低段的语文教师交流，发现令教师普遍感到头痛的问题是来自识字教学的压力：孩子们必须掌握的字词太多，往往学会了新的就忘了旧的，错别字竟成为常见的现象。为此，许多教师和家长都没少费工夫，常常要给孩子补课，反复帮助孩子听写、识记，不仅令孩子厌倦不堪，也令教师和家长烦恼不已。

面对这种情况，我建议教师要把识字任务分散到每一节课上，以分散难点，减轻学生的脑力负担；通过每节课留出一定的时间用于复习，以尽量减少学生的遗忘；我还建议教师把一些图片、实物、视频等资料适时地应用于课堂教学，让学生在具体的语言环境中识字，以帮助学生增强记忆……关于字词教学，已经成为当下最迫切要解决的研究课题之一。

于是，我很想知道苏霍姆林斯基是怎样教给孩子识记字词的。尽管我知道俄文中的字词教学可能与汉语是不一样的，但是我想凡是针对母语的字词教学，学习的对象又是同样年龄段的孩子，应该总会找到一些基本规律的。

我确实找到了——

　　不是非记住不可的更容易记住；被感知形象的情感色彩在识记中起着非常重大的作用。①

首先，苏霍姆林斯基强调不应该死记硬背，不让孩子觉得这些东西非记

---

① 苏霍姆林斯基：《我把心给了孩子们》，唐其慈等译，《苏霍姆林斯基选集》第 3 卷，教育科学出版社 2001 年 8 月第 1 版，第 106 页。

住不可，要让孩子在不知不觉中就能够记住他应该记住的东西。这不仅适用于字词教学，也适用于其他教学领域，如教孩子阅读、掌握数学规律等等。他认为，死记硬背是会损伤大脑的，它使孩子大脑中那些稚嫩的神经元长得过大，信息过分饱和，可是保证经常联系的联想纤维却衰退了。

我极其认可这样的说法。我想苏霍姆林斯基所强调的死记硬背的危害性尚没有引起我们足够的重视，我们只是单纯地认为死记硬背无益于孩子的智力发展，但没有意识到它对孩子的智力发展究竟造成了怎样的损害。我们不清楚死记硬背所造成的联想思维的衰退是造成孩子智力低下、学习产生障碍的主要原因。由于我们对孩子的大脑发育、智力发展规律的无知，许多孩子就这样被教傻了，教笨了。

但在当下的教学中，死记硬背现象依然屡见不鲜。我们可以常常看到教师和家长为了让孩子记住某个字词而让孩子抄写许多遍。有一次，我在一所学校进行教学调研，查阅了一个孩子的字词抄写本，发现这个孩子在教师的要求下，把在听写中出错的字写了十几遍，可到了最后两遍却还是抄写错了。这相当于前面抄写的许多遍没有任何效果。我想这就是死记硬背所造成的后果。正如苏霍姆林斯基的所说的，非记住不可的东西反倒不容易记住。

除了强调不能死记硬背，苏霍姆林斯基还发现了被感知对象的情感色彩在识记中的重要作用，因此他主张要使被感知的对象具有情感色彩，将有效地帮助学生进行识记。例如，他教孩子们写俄文中的"露水"一词，曾带领孩子们来到学校的园子里观察露水，看露水是怎样挂在草叶上，挂在成串的葡萄和紫红的李子上，看每一滴露水在阳光下闪光、滚落、蒸发……然后，他和孩子们一起把这些景象画了下来，并在上面题写了"露水"这个词，每个字母都引发了孩子们的联想，孩子们一边画画，一边针对这些字母的形状进行联想，一边轻声读出这些字母。就在这个过程中，孩子们学会了读写"露水"。在后来的几周内，孩子们都继续欣赏露水，创作关于"露水"的画和故事。这就是创造性的学习。在这个过程中，"露水"不仅是一个词，它更作为一个富有情感色彩的形象和能够引发美好想象的故事留在了孩子们的记忆中。我想，孩子们从来没有意识到他们必须记住"露水"这个词的读音和写法，可是他们已经牢牢记住了如何读写这个词；他们不知道自己在进行创作，可是他们创作出了最美丽、最新奇、最富有情感色彩的画面和故事。

苏霍姆林斯基不断地带孩子们到词语的源头——大自然中去旅行。在那里，学龄前的孩子们用了 8 个月的时间，不仅认识了全部字母，而且学会了读写。在大自然中，孩子们观察、发现、比较、联想、创作，那些必须掌握的词语，如"花朵""霞光""落叶"等，都作为具有丰富、鲜明的情感色彩的被感知的对象，一一展现在孩子们面前，融入了孩子们的精神世界中，不用进行专门的识记，更无须进行枯燥、反复的训练，孩子们就已经把这些词语化为鲜明的、活的语言来进行使用了。

我想，苏霍姆林斯基的这条关于识记的教学原则可以给我们很多启发。我们不一定照搬他的教学方法，可能也没有条件把字词教学像他那样放在大自然中进行，但是如果我们想方设法把要求识记的东西变成富有浓郁的情感色彩的对象，识记就会容易得多。苏霍姆林斯基的教学实践已经证明了这一点。理解了这一点，在我们感到头痛的识字教学上就会找到很多有效的方法。比如，针对某些结构比较复杂的字，我们可以引导学生通过自编谜语、学写艺术字等方式来突破；对于一些反义词、近义词，以及理解一些词汇的褒贬之意，我们可以通过引导学生编写童话故事，把这些词语放在一定的语言环境中进行理解、使用……这些都是把必须识记的东西变成了富有情感色彩的对象，可以有效地减轻学生的大脑负担。令人高兴的是，我在不少教师的课堂教学中，已经发现了这样的教学方法，只不过在很多情况下，这样的教学还基本处于无意识状态，一些教师尚不清楚其中的学理根据，因此没有在教学中给予重视、强调和更为广泛、灵活的使用。

其实不仅仅是对知识的掌握使我们可以看到这条规律。在心理学研究中有不少这样的案例：有人因为生活中发生了突如其来的痛苦的事件，突然丧失了记忆，必须借助催眠、谈话疏导等心理治疗，才能恢复记忆。有心理学家认为，这种失忆并非是大脑皮层细胞出现了器质性的病变，而是人的一种自我保护的本能——对那些痛苦的事件，人在潜意识中是不希望记住的。

是的，有些东西之所以长久地留在我们的记忆中，抑或被我们有意无意地忘记，都是因为它承载了我们的情感。那些欢乐的、美好的东西，我们一遍遍地回味，成为永远不会磨灭的记忆，温暖着我们的人生旅程；而那些痛苦的、忧伤的东西，使我们的人生更加富足。

让美好的词汇不再沉睡

那是一个初秋的日子，空气惊人地透明，天空是那般澄澈、深邃。柔和的阳光温暖着大地，洒在开满荞麦花的白色的原野上，云雀在歌唱，蜜蜂在嗡鸣，树木穿上了各种色彩的盛装。苏霍姆林斯基领着孩子们在树林中散步。孩子们在听老师讲述秋天，讲述自然界的一切生物都在准备度过漫长而寒冷的冬季。苏霍姆林斯基希望孩子们能注意到这一切，倾听到这一切，因此，他用非常鲜明生动的、充满情感色彩的词汇去描述这种美。

> 教师讲的话带有审美色彩，这是一把最精致的钥匙，它不仅开发情绪记忆力，还能深入到大脑最隐蔽的角落。[1]

苏霍姆林斯基正是用"一把最精致的钥匙"，轻轻地开启了孩子们的感情和记忆，然后他建议孩子们用自己的语言描述看到的一切，描述心中的感受。孩子们说："一群白天鹅渐渐在蔚蓝色的天空里消失了。""啄木鸟敲击着树皮，整棵树都发出响声。""路边开着一棵孤零零的野菊花。""鹳鸟站在巢边上，向很远很远的地方眺望，它在想什么呢？""一只蝴蝶落在菊花上，它在晒太阳。"……孩子们唧唧喳喳地说着。

每一个孩子都是诗人。当我们调动了孩子内心深处最高尚、美好的情感，让他们置身于这诗一般的境界中，孩子们从心底流出的也是诗一般的语言。令人惊讶的是，这些优美的语言背后承载的是细腻而鲜明的思想，是孩

---

[1] 苏霍姆林斯基：《全面发展的人的培养问题》，王家驹等译，《苏霍姆林斯基选集》第 1 卷，教育科学出版社 2001 年 8 月第 1 版，第 243 页。

子们自己的眼睛看到的真实而美好的世界，而且他们在老师的带领下，已经学会了用语言感受并表达自己看到的一切。更难能可贵的是，在这个过程中，孩子们得到了一种无与伦比的思维的快乐，得到了莫大的享受。

我不禁想起了我所听过的一些课，很多孩子对老师的讲解抱着无动于衷的态度，怎么也不能打动他，点燃不起他眼睛里的渴求知识的火花，仿佛这些孩子的思维停留在遥远的地方，是教师无论如何也唤不回来的（我的课上也不可避免地出现过）……对于这种现象，相信每一位有良知的教师都曾经深深地困惑过，苦恼过。关于这一点，苏霍姆林斯基作出了明确的回答。他认为，如果词汇不是作为创作的手段而活跃在儿童的心灵里，如果儿童只是背诵、接受别人的思想，而不去创造自己的思想，不用词汇把这些思想表达出来，那么，他就会变得对词汇缺乏领会力，因此儿童对教师的讲解表现出冷漠的态度也就不难理解了。他建议教师要像防止最大的危险一样防止这种冷漠的态度，防止儿童那种黯然失色的目光，要把生动的、使人激动的词汇装进儿童的意识，并且装进去之后，还得操心，不要使它变成一支干枯的花朵，而要像一只离巢飞去的歌鸟，尽情地欣赏周围世界的美丽。

我想，苏霍姆林斯基的建议实际上包括了一个很重要的思想，那就是：知识到底是什么？知识不仅是目的，还是手段，是获取新知识的手段。同样，学习语言也不该是一味地"积累"，而要把语言变成思考与表达的工具和手段。可是在我们的头脑中，我们的教学目的就是让学生获取知识，而且这种知识的获取数量越多越好，因此教学过程也就是学生获取知识的过程。长期以来，这种思想在我们的头脑中根深蒂固——难道教学除了使学生获得更多的知识，还会有别的目的吗？"记忆，保持，再现"成了我们一贯的教学原则。但事实却令人不得不深思：许多学生的语言苍白，词不达意，受过多年的语文教育后仍很难写出流利明白的文章。虽然其中的原因是多方面的，但我们没有让孩子头脑中那些积累的词汇活起来，变成自己的思想输出去，的确是一个不容忽视的原因。学生已经获得的知识并没有变成掌握新知识的手段，没有变成思维的工具，具体到那些已经在学生头脑中积存的词汇，并没有活跃在儿童的心灵里，没有变成自己的思想表达出来，那些词汇僵化得如同一潭死水。由此我联想到当今的语文教学，"积累"是被提及最多的词汇之一。但究竟什么是"积累"，怎样"积累"，"积累"后怎样运用？许多老师恐怕没有仔细地考虑过。

我注意到很多学生在老师的建议下建立了读书笔记，记录自己在读书时的感受和见过的妙词佳句，老师不定期地进行检查。我印象最深的是一个五年级女孩的读书笔记本，精美的封面，雅致的页笺，里面被女孩抄满了一个个优美的句子，还有大量的归类成语，可谓妙词佳句大荟萃。我被女孩如此认真的学习态度深深地打动了，心想这个女孩的作文一定很棒吧！但当我打开女孩的作文本时，一种深深的失望与惊讶的情绪淹没了我。这个女孩的作文成绩平平，随意挑选几篇仔细阅读，发现她在读书笔记本上记下来的那些妙词佳句并没有出现在她的作文中，还有些句子简直连通顺也算不上。这种现象使我百思不得其解。我们总是强调"积累"，这个女孩"积累"了那么多词汇，为什么看不出对她的写作有所帮助呢？究竟是什么原因使"积累"失去了它的作用？怎样才能让这些在大脑中"沉睡"的词汇"醒来"呢？

其实，苏霍姆林斯基已经作出了回答。仔细想来，那些优美的词汇并没有作为一种手段活跃在儿童的心灵里，儿童只是在接受，没有创造。也就是说，积累本身成了目的。那些词汇虽然数量可观，但它们是一只只被困在笼子里的鸟，没有自由，渐渐失去了飞翔的力量；它们是一支支干枯了的花朵，没有颜色，也没有芳香。事实上，学生的思维离不开词汇，我们很难想象离开了词汇我们的思考何在。也许有些思考我们没有觉察到语言的参与，但是当我们在思考逻辑性比较强的问题时，我们就可以明显地感觉到语言的参与了。多年来，科学家的研究也已经证明了这一点：人类的思考是借助于语言而进行的，没有语言，就没有思考。上文提到的女孩，虽然积累了大量的词汇，但那些词汇并没有深入到她的意识之中，没有成为她思考的工具，没有成为她观察世界、表达思想的手段，那些词汇并没有"活起来"。

那么应该怎么做才能使这些沉睡的、僵死的知识"活起来"呢？苏霍姆林斯基的建议是：教师要善于在儿童面前打开通往周围世界的窗口，在学生的脑力劳动中，引导学生借助词汇来思考，进行生动的创作，认识客体、事物、现象和周围世界，并且认识极其细微的差别，深入思考这些差别。他把来自教师的美的语言称为"一把最精致的钥匙"，正是用这把"钥匙"，他在孩子们面前开启了一个无限的美的世界，并且引导孩子不仅欣赏而且参与创造了这个世界。

我写作这篇文章的时候，也恰是一个明朗的初秋的日子。我的眼前仿佛看到了这样的画面：苏霍姆林斯基带着孩子们到树林里去，他们欣赏着、倾听着大自然的一切，他们还编故事，朗诵各自的小诗。我似乎听到了他们的欢笑声……

与自己的书本相遇

　　最早爱上书籍是在我上初中的时候，那是一本叫《少年文艺》的儿童文学杂志。这本杂志不仅让我看到了文字的美丽，更激发了一个乡下丫头对外面世界的向往。几乎是与此同时，我又爱上了台湾女作家三毛的散文，最爱的是那本《撒哈拉的故事》。那清新活泼的文笔，对异国生活的描绘，痛失亲人的不幸遭遇，充满了浪漫与传奇色彩。她对亲人、对朋友、对生命的理解，使我看到了精彩，看到了健康，看到了美丽，也看到了善良。那时的我开始认识到，一个人的生活原来可以这样精彩，生命原来可以这样美丽！我不知道我后来的离开家乡，来到完全陌生的地方开始不一样的生活，是否是因为受了《少年文艺》和《撒哈拉的故事》的影响——毕竟它在一个充满幻想的少女面前打开了一个窗口，在她的心里埋下了一颗种子，一旦遇到合适的土壤，它就不可遏止地萌芽了。

　　应该说，这是我与书本的第一次相遇。

　　我与书本的第二次相遇是在上高中的时候。在学习最紧张的高三那一年，我遇到了《红楼梦》。那是怎样一个令人慨叹、惊异的世界啊！尽管很多地方都是生吞活剥，免不了被那些纷繁的人物和情节弄得眼花缭乱，但还是常常通宵达旦地读，废寝忘食地翻。也是从那时候起，我深深爱上了林黛玉，觉得她的尖酸、刻薄不但不令人讨厌，反而正是她的可爱之处。以后一直都是喜黛玉不喜宝钗，觉得只有黛玉的爱方配得上"纯净"二字。假如爱没有了"纯净"，在我看来，这首先就不能称其为"爱"，其他的一切尽可随之而被推翻。也是因为在《红楼梦》里，我第一次看到了真正优秀的文学作品所处的高度，尽管我只是远远地、模糊地看到了它的一个背影，但已经足够让我心驰神往了。于是高考填报志愿时，我终于在外语与中文之间作出了选择，决定读中文系，要一辈子与这个迷人纷繁的文学世界缠在一起。现在我知道我这一辈子确实离不开文字了，我不仅幸福地读着自己喜爱的文字，也执着地写着自己喜爱的文字。

后来遇到了苏霍姆林斯基的《给教师的建议》。那已经是做教师的时候了。当时的我很为自己的命运愤愤不平，觉得自己应该做一个中学教师，而不是跟一帮只有八九岁的小孩子混在一起。悲观苦闷之际，一次偶然的机会，在学校简陋的小图书室里遇到了《给教师的建议》。不经意地读了几条建议，我被迷住了：原来，做教师，尤其是做一个小学教师竟会这么重要，还会这么精彩！我从此不再怨天尤人，开始静下心来做一个小学教师。如果说现在我还算是一个不错的小学教师的话，那么正是得益于苏霍姆林斯基的这本书，它不仅给一个年轻的教师提出了那些具体的建议，更重要的是它帮助一个年轻的教师树立了坚定的信念：在教育这条道路上，她一直在走。

这是我与书籍的第三次相遇。

我与书籍的三次相遇，细细想来，它们竟在冥冥之中与我的生命构成了某种呼应，它们不仅是我的过去，也是我的现在和将来。因为书，我选择了在举目无亲的异乡生活；因为书，我选择了一辈子与文字相守；因为书，我甚至选择了一条在有些人看来很不一样的生活道路……当我在生命的某一时刻、某一关头与书相遇，我就有了着落。

这些年读了多少本书已经很难作出具体的统计，但有些书一读再读，其中就有苏霍姆林斯基的《给教师的建议》。而且从这本书开始，我又读了这位伟大的教育家更多的著作，一个教育的童话以那样迷人的姿态展现在我的眼前。

> 我认为，只有当每一个青年男女都找到了一本在他们的心灵中终生留下深刻痕迹的书本时，才算达到了教育的目的。我耐心地期待着少年同他的书本相遇。[1]

---

[1] 苏霍姆林斯基:《公民的诞生》，黄之瑞等译，教育科学出版社 2002 年 4 月第 1 版，第 178 页。

是的，我找到了那一本在我的心灵中留下不可磨灭的痕迹的书，我在最恰当的时候与我的书本相遇了。于是，这种相遇造就了今天的我，还有我的全部生活。

正是看到了书籍对青少年精神世界的重大影响，苏霍姆林斯基一直致力于尽量使每个孩子都有一本心爱的书，并指导他反复阅读并思考这本书。他的学生费佳在阅读中不再自以为是，季娜在阅读中明白了人要在死后留下深深的痕迹，而沃洛佳则在阅读中克服了精神空虚……孩子们就是这样在与自己的书本相遇，这种美丽的相遇改变了他们自己，书籍成了照亮前方道路的火把。大量的案例促使苏霍姆林斯基相信，孩子的自我教育就是从读书开始的。在阅读中，孩子用最高的尺度衡量、思考着世界和自己，进而认识自己并考虑自己的未来。他认为，假如一个人在童年时代未能亲身体验到那种手不释卷的扣人心弦的欢乐，那就根本谈不上受过完满的教育。因此，他一再向教师建议，要拿出更多的时间来让孩子们与书籍打交道，他把这称为人的最美好的活动。他希望孩子能够把书籍看作奇妙的、不能解释的东西，看作高于一切的东西，他甚至希望孩子们中间能出现许多迷恋书本的怪人！如果这一切能够变成现实，他相信那些用任何强硬的手段都不能解决的问题就将迎刃而解。因此，他的心里始终有一个坚定的信念：

　　无限相信书籍的教育力量，是我教育信念的一个信条。[1]

这一信条也成为苏霍姆林斯基管理学校的重要思想。生活在帕夫雷什中学的孩子们，就是这样怀着共同的信念在书籍的海洋里自由地游弋，与自己的书本相遇，自我反思，自我教育，从而把自己一生的命运与世间最美好的东西紧密地联结在一起，并且永远在内心把自我照亮。

一生中若能与自己的书本相遇，是幸运的。每一个教师都应想方设法让孩子拥有这种美好的相遇。

---

[1] 苏霍姆林斯基:《我的教育信念》，刘伦振译，《苏霍姆林斯基选集》第 5 卷，教育科学出版社 2001 年 8 月第 1 版，第 580 页。

童年的星星

　　那晚与朋友散步，她忽然说："奇怪，今晚竟然能够看见星星。"听了她的话，我也仰起脸来望去，果然说得不错，在遥远的天际，有几颗星星在闪光，虽是寥落的，但这已足够令人欣喜了。

　　我究竟有多少日子没有像今天这样仰望星空了呢？城市的霓虹早已缭乱了我的眼，高楼大厦早已遮挡了我的视线。其实，即使天空依然是无遮拦的，澄澈的，我也早已在庸庸碌碌中忘记了头顶还有一片星空，还有月亮，还有丝丝的云彩在流动。

　　在童年时代也曾经画过星星的。在乡村的夏夜，跑到院子里仰起脸来看半天，看那撒遍了天空的无数闪亮的宝石，似乎随手就可以摘到一颗，任凭母亲的手指怎样指引，却总也分不清哪一颗是牛郎星，哪一颗叫织女星。后来就想把它们统统画下来，画一幅世上最美丽的画，好让母亲在画上指点给我看。可是，那么多的星星，怎么画得完呢？星星是数不过来的，这个世界是看不到头的……

　　我第一次朦朦胧胧地感受到世界是无尽头的，就是在这个时候，在一个小女孩最原始、最朴素的愿望里。可是，知道这个世界是无尽头的，一个孩子才会长大。

　　苏霍姆林斯基为了让孩子们确立"宇宙是无穷无尽的"这一观念，有意识地让他们在晴朗的秋天去观察灿烂的星空。

　　　世界无尽头的真理对他们来说是最不可思议的。我记得，孩子们如何为这一真理所震惊，他们沉默不语，极力想象无尽头是一个什么样子，却又想象不出来。①

他和孩子们一起坐在高高的草垛上，一边观察着头顶的星空，一边给孩子们讲述每一个星座，讲述那些关于星星的美妙的故事。他也鼓励孩子们自己来编故事，每一颗星星都是会说话的朋友，每一个故事都有色彩，有孩子们的喜怒哀乐。就在这样的夜晚，孩子们第一次放飞了想象的翅膀，他们想飞到世界的尽头，可是他们又似乎发现，这个世界是无尽头的……

这个世界是无尽头的，不仅是孩子，即使是成人，又有几个能想得通、猜得透呢？

想起了俄罗斯作家邦达列夫的散文。在他的笔下，一个孩子也曾经如此地迷恋星空。在孩子的眼中，总有一颗星星是属于他的，为他闪光，为他照亮，甚至他身上所有美好的一切都来自它那里。它是独一无二的，不论孩子走到何方，它那迷人的绿色光亮总是追随着他，陪伴着他，使他不会感到孤独。多少年之后，他依然觉得这是童年时代最美妙、最不可思议的时刻，它是童年独有的梦幻，是一个孩子最初的与宇宙的联系与对话。

这是一个俄罗斯孩子童年的梦幻，而在一个中国孩子的梦中，那些关于星星的美好传说则更多地充满了人的希冀和祈愿——人不仅与宇宙发生了联系，展开了对话，连星星之间也有爱，有至死不渝的坚守，有亘古不变的渴望……

而圣埃克絮佩里笔下的那个小王子，那个令世界上每一个知道他的成人和孩子都为之感动的小王子，他来自一颗叫 B612 的星球，他与一个由于飞机故障而被迫降落在沙漠上的飞行员相遇了。他告诉这个掉在沙漠上忙着找水、忙着修理飞机的飞行员，他知道一颗行星，上面住着一个人，这个人只会做算术，没有闻过花香，没有看过星空，却只会一天到晚唠叨："我是一个认真的人！"小王子觉得这样的人根本不配称得上是人，只是一只蘑菇罢了。在小王子的心里，那朵长在 B612 星球上的玫瑰花最重要，尽管她长满

---

① 苏霍姆林斯基:《我把心给了孩子们》，唐其慈等译，《苏霍姆林斯基选集》第 3 卷，教育科学出版社 2001 年 8 月第 1 版，第 148 页。

了刺，却依然可能会被绵羊吃掉……于是，他告诉飞行员：

> 如果有个人爱上一朵花儿，好几百万好几百万颗星星中间，只有一颗上面长着这朵花儿，那他只要望着许许多多星星，就会感到很幸福。他对自己说："我的花儿就在其中的一颗星星上……"可要是绵羊吃掉了这朵花儿，这对他来说，就好像满天的星星突然一下子都熄灭了！这难道不重要吗！ [①]

在 B612 星球上，小王子和玫瑰曾经彼此驯养，小王子终于知道虽然这个世界上有千万朵看似一模一样的美丽的玫瑰，但只有那一朵属于他，她是独一无二的，他必须为她负责。只要知道她在那儿，不仅是这一颗星在微笑，每一颗星星都会发出铃铛般的笑声，整个天空到处都是铃铛般的笑声。如果她不在了，所有的星光都会在霎那熄灭，整个宇宙都不再光亮，整个世界都是一片冷漠与死寂。

那么，对小王子来说，他的星星就是他的爱情啊。但是，忙于逃命的人不懂，只知道做算术的人也不懂。

苏霍姆林斯基告诉孩子，人和动物不同的是，人能仰望群星。人能思想，人有精神，人能意识到自我的存在，人知道去寻找自己的那一颗星，好在上面种上属于自己的那一株玫瑰。

---

①［法］圣埃克絮佩里：《小王子》，周克希译，上海译文出版社 2005 年 5 月第 1 版，第 35 页。

童话与童年的不解之缘

这个世界上依然有许多不幸的孩子。饥饿、疾病、战争使一些孩子没能感受到生命的快乐和美好。但也有另外一些孩子，他们不曾遭受饥饿、疾病、战争的威胁，他们生活富足，除了功课的压力之外，可说是无忧无虑，可他们也一样不幸——在他们的生活中，他们从来没有领略过童话世界的神奇与美妙，他们的时间和精力早已被功课和各种兴趣班分割了。在我看来，这是一种被忽略的重大不幸，而且无法弥补。

还记得小时候读过严文井先生的童话《小溪流的歌》。多少年过去了，那条小溪流永不停留最终变成大海的故事，依然深深刻在我的记忆中。我的耳畔至今还回响着小溪流那快活的歌声，那歌声永远都唱不完。它一边奔流，一边拒绝了停留，它由小溪长成了大河，由大河长成了大江，直到最后，大江汇入了汪洋大海。永不止步，永不满足，就一定能取得成功，能够到达一个崭新的天地。老实说，以今天的眼光看来，这不是一篇最优秀的童话，毕竟，其中有比较直白、浓厚的说教意味——虽然这些道理本身没有错。尽管我对它的感情发生了变化，但无可否认的是，当时那种快乐的阅读感受却是如此鲜明，记忆犹新。我不知道今天的我从不肯停下自己的脚步，是否是因了这个童话故事，它在激励着我，我偶尔会想起它，会以此来为自己注入新的力量。这也许就是童话的力量。

苏霍姆林斯基是这样看的：

> 多年的经验证明，如果童年时代读过关于善与恶、真理与谬误、诚实与虚伪的作品，那么这些作品中的道德观念就会成为这个

人的财富。童年与童话有着不解之缘。①

　　苏霍姆林斯基用大量的篇幅描述了他与孩子们在一起朗读童话、创作童话的情景。在他们自己布置的奇妙的童话室里，孩子们在听苏霍姆林斯基讲述安徒生的《雪皇后》：初冬的暮色笼罩着大地，小房子里亮起灯火，照亮了童话室里孩子们自己动手布置的故事场景：高耸的山岩，奇异的宫殿，还有快腿鹿和雪堆。窗外，空中飘起了雪花；童话室里，孩子们屏息静气地听老师讲那个雪皇后的故事。

　　在我看来，这本身就是一个童话，一个关于教育的童话。而苏霍姆林斯基和他的孩子们天天都在上演这个童话。他们一起读完了安徒生、托尔斯泰、乌申斯基、格林兄弟等作家写的所有的童话故事，他们也集体编写、表演童话故事。在这些故事中，孩子们感受到了语言的美，领略到了词语的丰富，看到了语言中那些最细腻的色彩。而这些美丽的语言所表现的美丽的故事中，善与恶、真理与谬误、诚实与虚伪，都化作滋润孩子心灵深处的泉水，成为孩子道德信念中最宝贵的个人财富。这就是最初的思想教育。只有当思想体现在童话所展现的鲜明的形象世界中时，儿童才能理解它，进而接受它。

　　有人认为，既然是童话，那里面的故事、说法都不是真实的，不真实的说法和故事对孩子会有真正的教育意义吗？

　　对此，苏霍姆林斯基谈了自己的女儿奥利娅的故事：一位教师讲完了白云和风的童话，告诉孩子们，这样的事是没有的，云不会像童话里说的那样有翅膀，风也不会抚爱白云，早晨的雾是灰色的，令人讨厌……听了老师的解释，孩子们眼里的火花消失了，小女孩奥利娅哭了。苏霍姆林斯基认为，童话好比一面魔镜，教师这样做无疑就是剥夺了孩子们观察这面魔镜所反映出来的世界的幸福。诚然，这个世界有其固有的客观规律，但儿童是按照自己的方式来认识世界，认识周围的人的，他们的思想往往可以凭借童话的翅

① 苏霍姆林斯基：《我把心给了孩子们》，唐其慈等译，《苏霍姆林斯基选集》第 3 卷，教育科学出版社 2001 年 8 月第 1 版，第 252 页。

膀飞向真理的世界，那个世界不仅是真实的，而且是丰富多彩的。

正是因为认识到了童话强大的精神力量和教育价值，苏霍姆林斯基十分重视给孩子们朗读童话故事。他动情地一遍一遍地朗读着，让孩子们想象童话故事所展现的那个奇妙世界，让他们感受语言本身的巨大的美感，思索那些故事中所赞扬、所鞭挞的东西。

可以毫不夸张地说，童年时代的朗读，这首先是对心灵的哺育，是人的高尚品质对儿童灵魂深处的触动。那些揭示高尚思想的故事总是一点一滴地将人性倾注到儿童的心里，构成善良的心地。[①]

我似乎听到了那流畅、动听的讲述，那是苏霍姆林斯基在用俄语或乌克兰语朗诵，孩子们围坐在他的身旁，屏息静气地听着，眼睛里闪烁着动人的光彩。那里还应该有一个黑头发、黑眼睛的小女孩，那就是童年时代的我。

苏霍姆林斯基不仅给孩子们朗读童话，还非常注重引导孩子们自己创作童话。他认为创作童话故事对孩子们来说是一种最有趣的、最富有诗意的创造性活动，也是发展智力的重要手段。如果说给孩子们朗读童话是一种心灵的哺育、语言的熏陶，那么帮助孩子创作童话则更多的是一种语言的活用与智力发展的手段。在帮助孩子们创作童话故事的过程中，他发现，一些思维混乱、说话前后不连贯、缺乏条理的孩子能够流畅地表达自己的想象和感情了，而另一些羞怯的孩子变得充满自信，开朗大方了。孩子们在创作童话故事的同时，也在运用语言，寻找恰当的表达方式，感受语言的鲜明的感情色彩和语言自有的那种动人的音乐韵律，语言就真正进入了孩子们的精神生活，他们的语言能力同时得到了发展。他们在创作，就是在想象，在语言的运用中发展了智力，表达了情感，锻炼了意志。而一旦错过了这个时期，就会造成永远的损失。因为鲜明、生动的童话形象是儿童思维从具体到抽象的

---

① 苏霍姆林斯基:《我把心给了孩子们》，唐其慈等译，《苏霍姆林斯基选集》第3卷，教育科学出版社2001年8月第1版，第252页。

第一步。自然，没有这个第一步，儿童就不能具备掌握抽象思维的能力。

苏霍姆林斯基是那样热切地赞美孩子们创作的那些童话故事，那是一本《黄昏的童话》，是孩子们在黄昏时刻创作的，是关于飞禽走兽和花草树木的故事。对苏霍姆林斯基来说，这些故事无比珍贵，因为那是他在孩子们身上点燃的明亮的思想火花，也是一个真正的教师最宝贵的精神财富。

苏霍姆林斯基对童话的热爱，一方面缘于他认识到童话对孩子成长的强大的精神力量和教育价值，另一方面缘于他的祖母玛丽娅的童话启蒙。这位老人活了107岁。她是那样热爱童话，总是给孩子们讲述各种各样的童话故事。她给孩子们讲童话故事时，一双黑眼睛里仿佛出现了童话里的情景，使小时候的苏霍姆林斯基总是以为祖母能看见童话里的东西。她讲童话时的声音一直留在苏霍姆林斯基的记忆中。在她临死之前，她把已经当了四年教师的年轻的苏霍姆林斯基叫到跟前，给他讲述了最后一个童话。她用这最后的童话告诉苏霍姆林斯基：人总是要死的，只要他是一个真正的人，他那美好的劳动的岁月就将永存下去……

"在大海的最深处，水是那么蓝，像最蓝的矢车菊的花瓣……"这是安徒生笔下的那片迷人的海。它与那为了爱而默默承受苦难的美丽善良的小人鱼一样，该属于这个世界上的每一个孩子。

世界在游戏中向儿童展现

女儿很小的时候，有一位朋友来看我，给她带来了礼物：一个穿着粉红色衣裳的芭比娃娃。女儿非常开心，把这个漂亮娃娃与她别的娃娃放在一起，然后念念有词地玩起来。我知道又一场自编自演的戏剧拉开了帷幕。这些娃娃不但性别不一，外貌各异，而且各有各的特长：有的会眨眼，有的会跳舞，有的会大笑，还有的会叫妈妈，甚至会说外语。总之，它们在女儿的摆弄下发挥了各自的优势，扮演着不同的角色，投入地演绎着女儿的故事。不知不觉，快两个小时过去了。虽然我没有足够的耐性弄明白其中的故事情节，但我知道，女儿自己乐在其中。

其实，当时女儿已经快 10 岁了，但是，她对娃娃这类玩具的喜爱却没有丝毫减少。家里的地板上、床上、沙发上，几乎都能看到她的娃娃，她总是很自然地抱起她的娃娃。被她放在床上的娃娃个头超高，几乎占据了她的半个床铺，每夜忠心耿耿陪伴女儿到天亮。

起初，我其实是忧虑的，毕竟，我更希望她能把这些花在这类游戏上的时间和精力用在阅读上。但看到女儿陶醉在其中的样子，我又不忍心剥夺她的这种快乐。后来读鲁迅先生的《风筝》一文，看到鲁迅先生因为当年反对弟弟玩风筝而内心的忏悔与愧疚，他认为那是对弟弟精神的虐杀，我这才庆幸自己没有盲目地制止女儿的游戏。鲁迅先生说："我不幸偶尔看了一本外国的讲论儿童的书，才知道游戏是儿童最正当的行为，玩具是儿童的天使。"

我几乎把属于儿童的这种"最正当的行为"看作是耗费时间，把"儿童的天使"看作是令儿童"丧志"的"玩物"。我想，在对待儿童的游戏上表现出无知的人可能不只我一个人。在现实生活中，我看到不少教师和家长反对孩子在游戏上花费过多的时间，因为孩子们实在太忙了，他们要学奥数，要学跳舞，要弹钢琴，还要去学书法。他们哪有时间玩呢？在教师和家长美好的期待与愿望中，这些孩子就这样走过了童年，尽管他们不曾体验到童年的快乐——确切地说，他们度过了没有童年的童年。

这不能不说是一种悲哀。

在苏霍姆林斯基看来，游戏不仅是儿童最正当的行为，而且是最严肃的事情。他认为：

> 世界在游戏中向儿童展现，儿童的创造性才能也是在游戏中显示的。没有游戏，就没有、也不可能有完满的智力发展。游戏犹如打开的一扇巨大而明亮的窗子，源源不断地把有关周围世界的观念和概念的湍流通过这窗子注入孩子的心田，游戏犹如火花，它点燃探索和求知的火焰。[①]

原来，儿童最初对世界的认识可以通过游戏完成，儿童在游戏中发挥自己的创造性，表现自己最初的才能。在这个过程中，他们的智力得到了发展，他们的心灵获得了快乐。

又想起了女儿的娃娃演出。在那样的"戏剧"演出中，实际上演员只有一个，那就是操纵这些娃娃的女儿。她自己设计故事场景，自己编故事情节，自己编人物对话，自己扮演各种角色，并要在具体的场景中迅速完成各个角色之间的转换。其实，她既是演员，又是导演，还是编剧和舞台设计，这不是很了不起吗？这不是一件很有创造性的事情吗？再往深处想一想，女儿在这样的游戏中，学会了理解人，观察人，在游戏中体验了生活，认识了世界，并锻炼了语言表达能力、逻辑思维能力，最大限度地发挥了想象力和创造才能。而这种自我训练是在这样充满乐趣的、不知不觉的状态下完成的，这不是比任何智力培训班都更全面，更充满情趣，也更有效果吗？

---

① 苏霍姆林斯基：《我把心给了孩子们》，唐其慈等译，《苏霍姆林斯基选集》第3卷，教育科学出版社2001年8月第1版，第129页。

在游戏中提高孩子的智力，苏霍姆林斯基称得上深谙其道。孩子们与小金鱼在一起玩耍的时候，他通过游戏式的有趣的题目帮助孩子学会思考；天上飞过了一群大雁，苏霍姆林斯基也用游戏式的小故事锻炼孩子的逻辑思维能力。这其实是一种智力游戏，在孩子们开心的议论与思考中，智力就得到了发展。

当年鲁迅先生制止弟弟放风筝，是因为他认为风筝是没出息的孩子的玩意，他视弟弟对风筝的喜爱为笑柄，认为是"可鄙的"。因此，到后来他发现弟弟竟然偷着做风筝的，十分气愤，以致把它"掷在地上"，并且"踏扁了"。我想象着那孩子做风筝的情景，偷偷地，恐惧却又快乐；我也想象着那只没有做完的蝴蝶风筝，它该是美丽的，承载着一个孩子的渴望欢乐、自由的心；我还想象着它在天上飞翔的样子，它该是轻盈的，在蓝天下分外耀人眼目；我更想象着那个在地上追着风筝奔跑的孩子，他仰起的小脸上该是无比喜悦的，我似乎听见了那清脆的欢笑声。其实，哪一个孩子不渴望放风筝呢？在放风筝的时候体验飞翔，感受自由，品味欢乐，与大自然融为一体，整个世界因此变得和谐，变得充满生机。

游戏其实也滋养了孩子的精神世界。

也想起了自己小的时候。那时候我还没上学，可已经在哥哥姐姐的指导下学会了几个字。有一天我突发奇想，就跟几个小伙伴一块玩起了上学的游戏：当时还扎着羊角辫的我做老师，几个和我差不多的小伙伴做我的学生，他们端端正正地坐着不动，双手像真正的学生那样背在身后，一扇破旧的门板做了我们的黑板。就在这样的"教室"里，我拿着从学校捡来的粉笔头在门板上写下了自己的名字，开始教我的学生们拖长了声调地念——

"闫——老——师——"

几个大人从院门外路过，看到这种情景，都笑了起来。

直到现在，我的耳边似乎还响着那稚嫩的童声。十几年之后，我真的做了老师，命运似乎开了个美好的玩笑，而且竟然玩笑成真——人生有几回实现儿时梦想的机会？我实在是个幸运儿啊！难道，今天我对教师生涯的不悔与热爱，对教育教学不肯停止的求索，对读书与写作近乎痴迷的沉浸，都在冥冥之中与童年的那一场游戏有关？

　　而那些与我一起玩游戏的小伙伴，如今早已是云散四方。他们也许知道我做了老师，也许不知道，但这又有什么关系呢？最美好的事情已经做过了，它深植于人的精神深处，也许不被发觉，但将永远存在。

　　在这个世界上，还有哪些没玩过游戏的孩子？

第四辑

用一辈子备一节课

孩子喜欢那些喜欢孩子的人

我认识一位乡村教师，她是一个优秀的班主任，十分喜爱孩子。有一次，她告诉我这样一件事：大雪纷飞的冬天，她患了严重的感冒，咳嗽不止，本来应该休息，但因为这所农村学校只有三个教师，每一个教师都承担了好几个年级的好几门学科，她根本无法请假，只好坚持上课。放学了，一个孩子走到她面前，从小书包里掏出一个苹果，含笑递给老师。望着这个孩子那被冻得通红的小脸上羞涩的笑容，老师想拒绝，但孩子却放下苹果就跑了。女教师拿起这个青里透红的苹果，闻见了淡淡的清香……可她忽然发现苹果表面有好几个浅浅的牙印，那是一个孩子的牙印。她能够想象这一个苹果对一个贫穷的山村孩子意味着什么，他可能一年也吃不到几次苹果，他可能好几次想把这个苹果吃掉，他可能好几次放在嘴边，好几次都几乎要咬下去了，可他终于没有咬……他想到了老师，他要把苹果留给正在咳嗽的老师。

对我说这一番话的时候，我注意到她的眼眶微微的润湿。她是那么爱孩子们，而孩子们也是那么爱她。我想起了苏霍姆林斯基的那一番话：

孩子们所喜欢的是那种本人就喜欢孩子、离开孩子就不行、而且感到跟孩子们交往是一种幸福和快乐的人。[1]

这是苏霍姆林斯基从教三十多年之后得出的一个结论，一个最朴实、最真切的结论。他本人即是一个深切地"喜爱孩子、离开了孩子就不行"的

---

[1] 苏霍姆林斯基：《帕夫雷什中学》，赵玮等译，教育科学出版社1983年2月第1版，第3页。

人。他从教育局局长的位置上退下来，做了校长，做了班主任，每天听课，更给孩子们上课。他教数学，也教语文。他开办了针对学龄前六周岁儿童的"快乐学校"，教他们作诗，编写童话故事，带他们去观赏大自然，观察树叶和彩霞的每一种颜色，还教他们种植玫瑰和葡萄。他爱孩子！

我看到了一幅他与孩子在一起的照片。那时的苏霍姆林斯基还非常年轻，在一片茂密树林的背景下，他俯下身，双手分别搭在一个孩子的肩膀上，几个孩子正扬起小脸看着他，满眼开心的笑容。他们好像在热烈地讨论什么，我甚至听见了那欢快的乌克兰语……

他爱孩子，孩子也以同样的爱回报了他。在苏霍姆林斯基的著作中，我们可以找到许多令人感动的小事例。

我又想起了女教师收到的那个苹果，想起了那个把苹果送给老师的孩子。由这个苹果，我不仅感受到了孩子对教师的爱，也感受到了教师对孩子的爱。没有教师对孩子深挚的爱，她就不可能得到这样的幸福。我因此对她充满了敬意。

"如果你不爱孩子，那么教师这个工作就太苦了。"这是在 2004 年，《中国教师报》的记者在采访我的时候，要求我说出这些年的教师职业感想，我脱口而出的一句话。

曾有人觉得我说这句话过于矫情，其实我是真这么想的。不做教师的人很难理解教师这个职业的辛苦。这不仅是一项繁重的体力和脑力相结合的劳动，而且它的繁琐、漫长似乎永远没有尽头；它不能重复，必须时时更新，因为我们的工作对象是活生生的人，飞速发展的时代也不允许我们有丝毫懈怠；所谓的寒暑假期也很难静心去真正的放松和休息——据我所知，在很多地方，由于教师工作的特殊要求，各种名目的教师培训都是不得不放在假期进行的。

那么，如果没有一种足以战胜这些苦辛的东西，我们为什么还要留在教师队伍里？毕竟，即便是在经济上，教师这个职业也不具备足够的吸引力。

当我与很多教师朋友谈到这个话题的时候，他们的答案不一，但有一点是一致的：那就是对孩子的爱，对教育教学工作的爱。

我研究了大量优秀教师的成长案例，发现了这样一个真理：越是在教育教学上取得成就的教师，他们就越是爱孩子。尤其是那些优秀班主任，他们在班主任工作中取得的成就与对孩子的爱是完全成正比的——很难想象，一个不爱孩子、不理解孩子的教师能做好班主任工作。即便是那些不做班主任，而以教科研成就著称的教师，他们的成就归根结底也是缘于对孩子深切的理解和把握，缘于发自内心深处的最大的善意和真挚的同情与信赖。在我看来，这就是爱。

其实，对孩子的爱并不是什么很玄的东西。在帕夫雷什中学，优秀教师叶卡捷里娜·马尔科夫娜说，不存在培养善、同情、诚恳的专门手段和方法，只不过要把每个孩子视为自己的亲生儿女。

把每一个孩子视为自己的亲生儿女，这样的爱还有什么可以指摘和怀疑的吗？我们在抚育自己儿女的过程中毫无保留地奉献了自己的全部，在青春与生命的消耗中，我们无怨无悔。——能这样要求一个教师吗？如果一个教师能拿出这爱的一半，哪怕是更少的一部分，我相信，许多在教师工作中所承受的苦辛都可以成为一个走向幸福与快乐的过程，或者化为幸福与快乐本身的一部分。

那么，怎样才能给孩子这样的爱呢？或者说，我们怎样才能使孩子爱我们，使我们的教师生涯走上一条快乐与幸福的旅程呢？

在《特别的女生萨哈拉》这本书里，似乎可以找到某种答案。那个特别的女生萨哈拉，那个想当作家的女生萨哈拉，那个在班里默默无闻、自我封闭的女生萨哈拉，那个有着丰富的内心世界却不被人理解的女生萨哈拉，她是幸运的，因为她遇到了一个波迪小姐，一个那么特别的、对孩子永远抱着希望、理解、同情与信赖的女教师。当读了萨哈拉的作文，波迪小姐把萨哈拉叫到了办公室，用一种充满惊讶、极其赞赏的眼光认真地打量着她的学生，叹道："天才啊！"然后，她没再多说别的，就把被她惊呆了的女孩萨哈拉打发走了。

可以想象，当特别的女生萨哈拉走出老师的办公室，她的世界从此变得明亮，连树叶都会发出笑声。我想，任谁听了这样的赞扬都会充满自信，都会发自内心地爱上学习，爱上自己的老师，并在这样的热诚肯定中创造奇迹。爱，是可以创造奇迹的。

苏霍姆林斯基也曾经讲到一个故事：在一节数学课上，孩子们都在集中精力演算数学题。女教师走近小女孩济娜的座位时，发现济娜不时地朝自己怀里张望，低声地说着，微笑着。女教师仔细一看，原来在济娜怀里的书包里，露出了一只小猫的头，小猫伸伸脑袋，又很快地缩回去了。济娜发现老师知道了她的秘密，很不好意思，准备接受批评。没想到老师以同谋者的表情冲她眨眨眼，示意她不要出声……这更让济娜感到不好意思了。事后，济娜告诉老师，这几天家里没有人，而小猫太小了，不能单独留在家里。女教师不仅原谅了济娜，而且在班里让孩子们编写了许多关于小猫的童话故事，孩子们十分开心，这只小猫成了给孩子们带来快乐，同时又是训练儿童思维和幻想的源泉。从这个事例中，我们不仅感受到了教师的教育智慧，我们更能深刻地体会到教师那颗理解孩子、热爱孩子的心。

只有那些始终不忘记自己也曾是一个孩子的人，才能成为真正的教师。[①]

是的，当我们始终不忘记自己也曾经是一个孩子，我们就会以最博大的爱与理解去对待孩子，从而成长为一名真正的教师。

_____

① 苏霍姆林斯基：《我把心给了孩子们》，唐其慈等译，《苏霍姆林斯基选集》第 3 卷，教育科学出版社 2001 年 8 月第 1 版，第 10 页。

名校凭什么有名

　　清华大学历史上做校长时间最长的梅贻琦先生曾说过一句十分有名的话："所谓大学者，非谓有大楼之谓也，有大师之谓也。"大意是，不是有大楼就可以称得上是大学，而是因为有大师的缘故。这种远见卓识正是清华之所以成为清华的根本。当年曾在清华大学任教的有王国维、冯友兰、陈寅恪、赵元任等，都是真正的大师级人物。正是由于这些人物，当年的清华大学跻身为一流大学的行列。

　　这位说出此话的梅校长令我深为敬服。能够说出此话的人，我以为也是一位真正的大师。其实，不仅大学因为大师方能称得上大学，中学、小学也是因为名师而成为名校的。"名校名师名学生"的说法其实并不确切，先有"名师"方才能有"名校"，有了"名师"方才能有"名学生"，反过来，没有"名师"又何谈"名校"？没有"名师"又何来"名学生"？可见，"名师"是一个关键所在。遗憾的是，当下能有这种见识的校长并不多见，能有这种见识并能付诸行动的校长就更是凤毛麟角。

　　梅贻琦于1948年离开清华，而在那一年，远在乌克兰的苏霍姆林斯基在帕夫雷什中学开始了他足以写入世界教育史的辉煌的校长生涯。其实，不管是中国的梅贻琦，还是乌克兰的苏霍姆林斯基，尽管他们所处的环境是那样不同，但他们却有一个共同的信念：能够称得上是学校骄傲的不是别的什么东西，而是真正的好教师。

　　这些年我曾经去过不少"名校"，主持这些"名校"的也几乎都是"名校长"。当我与这些校长交流的时候，发现有不少校长津津乐道的是学校的各种硬件设备如何齐备、先进，学校的教学大楼如何壮观，资金投入如何是个天文数字，学生各类获奖不计其数，等等，却对教师的成绩、荣誉、待遇反应平淡，有的一语带过，有的甚至只字不提。诚然，一个学校的设备、投入、学生成绩都是衡量一所学校办学质量的重要元素，但不能当作唯一条件，更不能把这些当成一个面子工程去做。而有些校长看重的恰恰仅仅是面子上的事情，对学校最应该关注的群体——教师抱着如此轻慢的态度。那些长年累月工作在这里的教师，他们在想些什么，他们的生活怎样，心情怎样，他们近年在学术上有什么进展，应该采取哪些措施帮助其中的一些人在已有的基础上取得更大的突破，这些都不在一些校长考虑的范围内，至少不是他们考虑的主要问题。

的确，有的学校硬件设施齐全，校舍壮观华丽，似乎很难挑出什么瑕疵，但一眼就看出学校处处都是用钱堆起来的。在这样的学校里，我们往往只看到了一个"钱"字，却很少看到"人"。比如，光洁的墙面上装饰着精美的图案，楼梯拐弯的地方悬挂着漂亮的灯饰，美则美矣，但我们却忍不住发出这样的疑问：在这样的学校里，"人"究竟在哪儿？"人"在这样的环境里真的就能产生幸福感？有人也许会问：这些不都是为了"人"吗？的确，"人"是生活、工作在这个环境中，但"人"的精神世界也需要被关注，人需要不断地实现自我认同与飞越，而要达到这些，只有"硬件"是不够的。很难想象，一个不把"人"放在首位的学校，究竟在教育这条道路上能够走多远；也很难想象，这些没有名师的"名校"能够培养出真正意义上的人才。

令人欣慰的是，也有不少校长非常重视对教师的培养，千方百计要把教师培养成"名师"。他们可以不建壮观的教学大楼，可以不装修豪华的办公室，可以出门不坐车，可以没有一点校长的"样子"，但心里装着教师，装着教师的发展。对这样的校长，我总是怀着真正的恭敬之心去面对。我曾到一所县城普通小学去参加教学研讨活动，结识了该校校长，在该校两天的研讨活动使我感慨万分。为了帮助学校青年教师尽快成长，这位校长请我听课，再帮这几位教师说课，就课堂上出现的问题商讨解决的方案，教师当天修改自己的教案，第二天重新执教这节课，然后再来研讨。经过了这样的反复磨练,不但几位上课教师反映"自己似乎在一夜之间长大了很多",所有听课的教师也都在这个过程中获益匪浅。应该说,这所学校不是"名校",这位校长也并非"名校长",但我相信,这所学校有着极强的生命力,因为有这样一位要把教师培养成名师的校长,有这样一群渴望成长为真正的名师的教师。

当年位于浙江上虞白马湖畔的春晖中学,之所以成为中国历史上基础教育的一座丰碑、一个神话,不仅因为有一位叫经亨颐的校长,也基本依赖于曾在这所中学任教的那些名师们:朱自清、夏丏尊、丰子恺、朱光潜……只听听这些人的名字,就足以令当下任何一所"名校"自惭形秽。正是在春晖中学,夏丏尊开始了爱的教育,朱自清发表了教育的信仰,丰子恺画起了漫画,朱光潜看到了无言之美……这些人除了做教育,还写作、绘画、搞学术研究。他们不用担心高考,不用应付各种各样的监督和检查。他们一面教导学生,一面尚可从容地做自己喜欢的事。也许这种教育上超越功利与几乎"自由散漫"的教育方式,使得春晖中学成了一所真正的名校。我的朋友王小庆君在他的《历史深处——春晖中学的背影》一文中写道:

> 严格地说,这些只是作家罢了,并不专门做教育;但他们偏是因为作家,承担着对社会和历史的责任,故不仅做教师的技术和学问,更做着对人性的思考。因此,他们于教育的思想,便超乎职业的教育者,而更能沁入人的心里,影响人的生命了。[①]

看看当下的"名师",虽然几乎个个专职做教育,但真正在思想上、学术上有所建树的人并不多见。如果我也勉强算一个"名师"的话,我便是其中比较典型的一个。这并不是说我们不该专职做教育,而是说我们中的许多人被应试的大棒追赶得透不过气来,疲于应付各种繁琐的、几乎是与教育教学无直接关系的事务,却忽略了自身真正的学术提升,对自己所教的学科所面临的问题找不到解决的办法,对本门学科所普遍关注的前沿问题并没有真

---

① 王小庆:《历史深处——春晖中学的背影》,《中国教育报》2008年7月11日第4版。

知灼见。遗憾的是，这样的"名师"为数不少。正是由于许多"名师"并非真正意义上的名师，因此我认为他们所在的学校也并非是真正意义上的名校。

　　自 20 世纪 90 年代以来，世界各地的教育工作者纷纷来到帕夫雷什中学，他们都想亲眼看一看苏霍姆林斯基曾经在此工作过 33 年的学校，都想亲眼看一看这"取之不尽、永不枯竭的教育智慧的源泉"。作为一个教师，我希望有机会也能够亲眼看看这所演绎过童话般教育故事的学校，看一看苏霍姆林斯基和他领导下的那个了不起的教师团队曾经工作过的地方，感受一下他们曾经呼吸过的空气；我更想看看那些绿色的山峦，紫色的云霞，当年它们都曾经映入一双透射着无限悲悯与慈爱的深邃的眼睛里……因为在我的心里，他们是真正意义上的名师，他们撑起的是真正意义上的名校。

每一个教师都该成为学校的骄傲

名校既以名师出名，那么教师何以让学校以自己为傲？

苏霍姆林斯基认为，这样的教师可称为学校的骄傲：他精通他所教的科目据以建立的那门科学，热爱那门科学，并了解它的发展状况和最新的发展方向，以及正在进行的研究和最近取得的成果，能够热心于本门学科正在探讨的问题，并具备进行独立研究的能力。

我将苏霍姆林斯基的说法与我所认识的一些教师朋友联系起来，这些朋友正是当下在国内具备一定影响的教师，我发现，他们中的绝大部分都具备了苏霍姆林斯基所说的这些"条件"。简而言之，就是深湛的专业知识，开阔的视野，对科学的浓厚兴趣，以及独立研究的能力。一个教师具备了这些"条件"，他就是一个足以令学校骄傲的教师。由此推论，一个教师若想成为学校的骄傲，则必须努力使自己具备这些"条件"。

我曾研究了国内不少优秀教师的成长经历，发现他们不论处在何时何地，不管面临怎样的人生境遇，从来没有放弃过提高自己的努力。

首先，他们拥有深湛的专业知识，在课堂上能够深刻把握本门学科的本质规律，从而避免了课堂教学中的枝枝蔓蔓，使教学环节更为清晰而富有逻辑，教师能够把精力从对教学内容的关注上转到对学生的关注上，使教学过程更符合学生的认知规律，提高了教学效率。这样，教师不但教得"轻松"，也减轻了学生的课业负担。有一位同事告诉我，在他的中学时代，就曾有幸遇到过这样一位极其优秀的数学老师。这位数学老师不只是给学生讲解难题的解法，而且告诉学生，在中学数学的所有知识中，概括起来，其实就是那么几条规律，要记住的就是非常有限的几个定义、公式。在面临难题的时候，要围绕这些规律去思考，就一定能发现其中的必然联系，从而找到解决问题的出路。他用差不多两周的时间给学生梳理了这些"规律"，并结合一些典型题目帮助学生学习运用这些规律来解决问题。学生学得非常轻松。最后，这个班的学生都在高考中取得了非常不错的成绩。

因此，在专业知识上达到精深的境界是一个优秀教师的必备条件。但也有一些教师长期忽略对专业知识的学习，认为自己从当年所受的学校教育中已经获得了足够的专业知识，在走上教师工作岗位后，由于各种原因无暇补充自己的专业知识储备，以至于一直在"吃老本"，无法跟上当今知识不断更新的现实。长久下来，这些教师因为知识的陈旧僵化而使自己的教学失去了活力，因而越来越不受学生欢迎。

除此之外，在教师的专业知识问题上，还有另一种令人担忧的情况：由于种种原因，有极少数教师在走上教师岗位时专业知识不够完备，面对教学实践中出现的一些比较复杂的问题，这些教师往往束手无策，悬而不决。我曾亲见一位中学物理教师在教学"滑动摩擦力"这一主题的一个最关键问题时，突然思维"卡壳"——原来连教师本人也有点糊涂了。再看看听讲的学生，也是一脸茫然，教学效果就可想而知了。

除了深湛的专业知识，真正的优秀教师还必须具备开阔的视野。这里主要是指教师应该具备完善的知识结构。有些教师专业知识非常深厚，在本门学科知识上几乎无可挑剔。但由于在其他学科方面知识的严重匮乏，在一定程度上削弱了本门学科的教学能力，在对学生的思维能力的培养上，也出现了一些问题。遗憾的是，这个问题尚未引起足够的重视。

一门学科的教学内容绝不仅仅局限于这一门学科。朱光潜先生在《读书是一种训练》一文中批评有些学者研究学问固步自封的状况时，表达了自己的见解：

> 宇宙本为有机体，其中事理彼此息息相关，牵其一即动其余，所以研究事理的种种学问在表面上虽可分别，在实际上却不能割开。世间绝没有一科孤立绝缘的学问。

我想，不仅科学研究不能固步自封，教学也同样应该如此。其实，说到底，对某一门学科的教学又何尝不是一种科学研究？

既是科学研究，除不能在本门学科上画地为牢，亦不能以停滞的眼光看待这门学科。因此，教师应充分关注本门学科的发展状况和最新的发展动向，最近进行的研究以及已经取得的成果，从而使自己站在更加开阔的视野上研究本门学科面临的真正问题。近几年，我在关注着一些教师围绕本门学科展开的一些课题研究，发现其中有的问题并不是真正的问题，有的问题其实在几年之前就已经有了比较丰富的研究成果。而那些随着学科发展和时代变迁出现的真正的问题，却没有得到充分的关注；对当今普遍关注的热点问题，也没有能力提出自己的见解。

我曾听一位在高校专门从事语文教学研究的学者给一线中小学语文教师讲课，颇多感慨。在三个多小时的报告中，这位学者完全是在语文教学理论研究的层面上作梳理，而且内容陈旧，对语文教学史上出现的各种现象很少发表个人的见解，对当今一线教师心中真正感到困惑的问题也鲜有涉及。这样的报告，令听课教师昏昏欲睡，有的甚至找借口中途退场。我仔细听了这位学者的报告，发现他治学态度非常认真，思路、条理都是清晰、严谨的，但由于视野不够开阔，也由于知识储备的陈旧，致使报告未能取得良好的效果。我想这固然与高校教师受客观条件的限制有关，但不论是大学教授还是中小学教师，不断更新自己的学科知识，开阔自己的研究视野，研究真问题、有价值的问题，应当成为自觉的追求。

因此，打破学科界限，具备开阔的视野，是一个优秀教师区别于一般教师的重要特征。如果说深湛的专业知识是一个优秀教师必备的底色，那么开阔的视野则是一个优秀教师必需的空间。这其中既有对本门学科的热爱，也有广泛的兴趣支撑，而教师要具备独立研究的能力也必须建立在以上两个条件具备的基础上。

在帕夫雷什中学，我们可以看到在这所学校任教的教师无不具备深湛的专业知识，无不是打通了各学科的界限，他们有着广泛的兴趣与才能，而且也都拥有独立进行科学研究的能力。我们看到文学教师将音乐与抒情诗结合起来请学生欣赏，物理教师能够指导学生合唱队，数学教师不但能指导学生绘画，还能指导艺术刺绣小组和话剧小组的活动。而这些在帕夫雷什中学这个教师集体中是最平常不过的事情。而苏霍姆林斯基本人，不仅是一个出色的文学教师，还善于创作文学作品，能够教数学，懂得好几门外语，同时还精通教育学、心理学、园艺、机械等等。而我们透过他对这个教师集体如数家珍般的描述，从那字里行间流露出的深情中，可以深深地感受到，在苏霍姆林斯基的眼里，帕夫雷什中学的每一个教师都是学校的骄傲。

是的，每一个教师都要成为学校的骄傲，这不仅是一个良好的愿望，也是教师的职业尊严所在。

让我们扪心自问：我是学校的骄傲吗？

用一辈子备一节课

我的信箱里总是有不少青年教师发来的邮件，向我询问一些关于某一节课、某一篇文章、某一个作者的资料，并且还会把他们的教案附上，希望我能在看过教案之后提些建议。到学校听课，在与执教教师进行课后交流的时候，听到教师反映最多的就是——不知道上这节课该从何处着手，因此在备课时往往大费脑筋却不得要领。

我非常希望能够在自己力所能及的范围内帮助这些青年教师，尽管他们的苦闷往往就是我的苦闷。这些年，在上每一节课的时候，尤其是在上一些公开课的时候，我又何尝不是绞尽脑汁、寻寻觅觅，力求达到我心中那个"理想的效果"呢？近几年，这样的焦虑有所减少，除了自己对公开课不再那么看重，岁月帮我泯灭了一些不该有的虚荣，更主要的是，我自感这些年随着不断大量阅读，我的"底蕴"不断丰厚，在备课时，我渐渐不再捉襟见肘；在课堂上，我开始把主要精力放在学生身上，放在这节课本来的逻辑结构中，放在随着课堂的推进而出现的各种变化中，并在这个过程中比较自如地调整自己，"表现"自己。

这几年，常有老师问我，我上的某一节"成功"的课是怎么"磨"出来的，我常常难以说出个所以然；有媒体也热衷于发表一些名师名课的备课经验、备课思路，每接到这样的邀请，我也常常感到比较为难。究其原因，首先是某一节看上去比较"成功"的课我自己其实并不满意，更觉得在备课时是调动了自己已有的知识储备，结合了自身的特点，再加上在课堂现场中对某些复杂因素的把握，才构成了这节课现在的样子。而且，我常常想，如果我对某个问题能够想得更透彻一些，自己的知识底蕴更丰厚一些，自己的阅读视野更开阔一些，可能这节课就会是另一种面貌，会更加符合学生本身的智力、情感特点，会更加符合这节课本身的逻辑结构，课堂风格也会更加大气、从容……而达到这些更加理想的课堂状态，无疑将是一个教师一辈子的追求。也许正由于这始终是一种追求，才需要我们永远为之付出努力。从这个意义上说，我们永远都在路上。

那么，就一节课来说，为了达到理想的课堂状态，也需要一个教师付出一辈子的努力。这就是苏霍姆林斯基在谈到自己如何听课、评课时所表达的观点：

> 在听课和分析课的时候应当记住，今天某教师上的一节课，不仅仅是他昨天花一定时间进行准备的结果。一堂课并不只是、也并不那么多地就是教师在走进教室之前所读过的那点教学参考书和补充资料。①

某一个教师上的某一节课，实际上表现的是教师的全部。这里包括他的知识储备、阅读视野、价值判断、教学智慧、精神风貌、人格魅力……而这些，决定了一个教师究竟是以一个怎样的形象出现在学生面前，甚至仅仅从一个教师的外貌上也可以看出一个人的精神气质。一节比较理想的课，绝不可能仅仅是上这节课之前花费几个小时、十几个小时就能实现的。

苏霍姆林斯基提到了一个具有 30 年教龄的历史老师，他的课上得十分出色，以至于听课教师和视导员都听得入了迷，连做记录也忘了。当有人询问这位历史教师究竟是花费了多长时间才备出这么一节精彩的课，这位历史教师的回答是：用终身的时间备每一节课；但对今天这节课的直接准备，只用了 15 分钟。

这位历史教师的回答使我们认识到，一个优秀的教师，他是用终身的学习来不断丰富自己，通过不间断地阅读扩大自己的视野，完善自己的知识结

---

① 苏霍姆林斯基：《和青年校长的谈话》，赵玮等译，《苏霍姆林斯基选集》第 4 卷，教育科学出版社 2001 年 8 月第 1 版，第 817 页。

构，才造就了今天的自己。他从来不把自己囿于教材和教参中，他甚至完全超越了教材与教参，因为教材和教参仅仅是他知识视野的一部分，甚至是极其微不足道的一部分。在他的课堂上，他凭借着自己强大的知识优势和精神魅力，不仅教给了学生某些知识，而且照亮了学生今后寻求知识和人生理想的道路。这样的教师，就像那位历史教师一样，用一辈子备了一节课，备了每一节课。

具体来说，怎样进行这种备课？苏霍姆林斯基给出了明确答案：读书，不间断地读书，跟书籍结下终身的友谊。他用了一个形象的比喻：为了在学生面前点燃一朵知识的火花，教师本身就要吸取一个光的海洋，一刻也不能脱离智慧与知识的太阳。遗憾的是，现在一提到教师读书，许多教师就会抱怨：没有时间。的确，我们的工作十分繁杂、劳累，我们的课余时间被大量挤占。但是，恰恰是因为我们需要更多的空闲时间，我们才更应该大量阅读。只有通过阅读，我们才能最终减轻自己的负担，才能把自己从教材和教参中解放出来，才能花费最少的力气取得最大的效果，才能帮助学生减轻脑力劳动的负担，把他们从题海中解救。而那些不读书、一味死抠教材和教参的教师，将在日复一日、年复一年的繁重劳动中耗尽自己，却感受不到教育教学的幸福，感受不到创造性劳动所带来的快乐。

因此，苏霍姆林斯基非常关注教师是否在读书，在读些什么书，书在他的精神生活中占据何种地位，以及他是否时刻关注着科学和文化方面的最新成就。这成为他评价一个教师的重要指标。他认为，教师要成为学生的知识的源泉，就要永远处在一种丰富的、有意义的、多方面的精神生活中，而这种精神生活在很大程度上与阅读有关。

事实上，真正的优秀教师都是爱读书的教师。我有许多爱书的教师朋友，听他们的课，跟他们聊天，都是一种享受。他们的课，往往视野开阔、丰厚、大气，从不拘泥于教材和教参，他们本身就是课程开发者。有的数学教师，他们不仅仅会教孩子怎样演算习题，更会使学生认识到某个问题与现实生活的联系，以及关于某个问题的研究经历了一个怎样的历史过程，今后将会朝着哪个方向发展，还有哪些问题有待解决，等等。在这样的课上，孩子们学会的不仅仅是演算习题，背诵概念、公式，他们更学会了用科学的、发展的、探究的眼光去看待知识，去寻求攀上知识高峰的道路。

我们非常熟悉的数学家陈景润就是这种教育的结果。我们可以设想，假如不是当年那位数学老师在课堂上提出了"哥德巴赫猜想"的世界性难题，如果这位数学老师仅仅教给学生解题的方法，如果这位数学老师仅仅热衷于试题的研究，如果他只知道教材和教参里的那点数学知识……还会有后来的陈景润吗？

课堂是反映教师修养的一面镜子。教师只有一辈子不间断地读书、学习，加强自身的修养，不断丰富自己的知识，才能使自己的每一节课都对学生的发展有益。而我们执教的每一节课，也都反映了我们平时的知识底蕴和精神风貌，而绝不是在上课之前花的那些时间进行备课的结果。

愿我们每一位教师都能记住：一辈子，一节课。这是一种追求，也是一种信仰。

教师的公正

一个朋友告诉我，她儿子本来十分喜爱数学，才上初一，基本上已经自学完了初二的数学课程，每次考试都名列前茅，可她最近却发现儿子总是闷闷不乐，学数学的兴趣也淡了很多。问了半天，儿子才告诉她原因。原来儿子发现他的数学老师似乎并不喜欢他，尽管他成绩优异，还自学了初二的课程，但数学老师似乎从来没有在班里关注过他。他不但很少有机会与老师交流，向老师询问问题的时候，老师也总是三言两语就把他打发了，而对班里的另外几个同学，他的态度就不是这样；明明他是班里的数学尖子，可在集体讨论某道难题的时候老师也很少让他发表意见……总之，他觉得老师不喜欢他，也许根本就看不起他。朋友告诉我，儿子对她说这番话的时候，眼里涌出了泪水。此时，我看到朋友的眼眶也湿了。

朋友儿子的情况使我也陷入了思索。从一个教师的角度来分析，这位数学教师对男孩的态度可能并非像男孩说的这样——在很多时候，我们诉说的只是一种感觉。我相信，对成绩优异的孩子，尤其是对喜爱自己所教学科的孩子，在一般情况下，教师似乎更能找到喜爱他的理由。那么究竟是什么原因使孩子感到教师对他十分冷漠呢？

我建议这位朋友去找数学老师谈谈，看能否找到原因。几天后，朋友打来了电话，语气是欣喜的：她向老师很委婉地讲述了孩子的委屈，老师听了十分惊讶，因为在他眼里，这个孩子成绩优异，基本不需要教师的帮助，而班额太大，数学成绩落后的学生又比较多，因此他就没太在意朋友的儿子。既然这样，老师表示今后将多关注这个孩子，因为他不希望一个这么优秀的孩子误会他……

听到这样的结果，我也如释重负。教师在无意中对孩子表现出的忽视，竟使一个孩子产生了如此强烈的挫败感和失落感，这确实是让人意想不到的。孩子的心极其稚嫩、敏感，他需要来自教师的关注和力量，哪怕是批评与指责，只要让他感觉到教师发自内心的真诚与善意，对他都是一种鼓励。他就是从教师的言行举止中，作出自我判断的。那么，对教师来说，关心班里的每一个孩子，使每一个孩子都能感受到教师的公正，是教师工作成功的重要前提。

对教育上的公正这一问题，苏霍姆林斯基认为：

> 教育上的公正，意味着教师要有足够的精神力量去关心每一个儿童。用一个模式、毫无区别的态度去对待所有的儿童，那是漠不关心、不公正的最坏的体现。[①]

每一个孩子是如此不同，但他们都需要教师公正的对待，这就需要教师调动自己足够的精神力量，去关心他们，帮助他们处理好成长过程中出现的各种问题。教师工作的复杂、繁琐与创造也正是体现在这里。

在教师的公正这一问题上，苏霍姆林斯基可说是一个典范。他在创办针对学龄前一年儿童的"快乐学校"时，对班里的每一个孩子都作了前期调查，对他们的家庭成长环境、智力水平、身体状况等都心中有数。这样就使他在实施具体的教育教学工作时，能够根据每一个孩子不同的情况作出指导，提供切实可行的帮助。我们看到，对那些在战争所造成的悲惨遭遇中心灵蒙受创伤的孩子们，苏霍姆林斯基给予了特别的关注；对那个受到父母一贯的娇纵、出现了神经官能症的男孩，苏霍姆林斯基着重培养他谦逊和尊重别人的态度；对那些智力上迟钝、思想上忧郁的儿童，他在教育工作中又着重以医疗教育为主；对具有敏锐的音乐才能的孩子，苏霍姆林斯基就和他一起谈论怎么用笛子来表现故事……每一个孩子都感受到了来自教师的帮助和

[①] 苏霍姆林斯基:《和青年校长的谈话》，赵玮等译，《苏霍姆林斯基选集》第4卷，教育科学出版社2001年8月第1版，第706页。

善意，每一个孩子都在这所"快乐学校"中感受到学习和生活的快乐。对孩子来说，这就是教育上最大的公正。而这种公正，是教师充分调动自己的精神力量关注每一个孩子的结果。说到底，教育的公正还是教师的公正。

    不应当让一个不幸的、被大自然或不良环境造成艰难境遇的孩子知道他是一个能力低、智力差的人。教育这样的儿童，应当比教育正常儿童百倍地细致、耐心和富于同情心。[1]

教师要小心翼翼地保护这些脆弱的心灵，永远不要让那些处于艰难境遇的孩子知道他比别人差，让他永远不会感到他在班上跟别人有区别。苏霍姆林斯基把这称为是一种"长期的、单调的、非常复杂和折磨人的艰难的播种"，这种播种不会立即让你看到幼苗破土而出，它需要等待，需要加倍的耐心与灌溉，需要教师付出巨大的艰辛与努力。而能够长期支持这种努力的力量，是那份博大的悲悯的情怀，是面对每一个孩子都决不放弃的坚定信念。在我看来，这就是一个教师的公正。

在一所学校的操场上，孩子们正在站队集合，准备做广播操。女教师走到孩子的队伍里，有时停在某个孩子面前，替他整理一下衣领，有时又给一个孩子重新系一下红领巾，有时又对一个孩子低声说了一句什么……也许，在教师看来，这些事情都极其自然，似乎没有多大的教育意义。但是，也许我们不曾想到，正是这些看上去不值一提的小事情、小动作，恰恰使孩子感到温暖，感到来自教师的关注与爱护，这种美好的感受足以使孩子有勇气闯过许多难关，快乐地度过在学校的每一个日子。

对孩子来说，他所得到的来自教师的公正，就意味着欢乐和幸福。

---

[1] 苏霍姆林斯基：《给教师的建议》，杜殿坤编译，教育科学出版社 1984 年 6 月第 2 版，第 505 页。

惩罚是为了检点与反思

　　我们必须承认这样一个常识：每个人在成长的过程中都会"犯错"，"犯错"之后必须受到提醒、警告或责备。这可以看作是教育的本分。如果我们不承认这个基本前提，就从根本上否认了教育教学存在的必要。那么，我们要讨论的问题是，当提醒、警告、责备这些教育工作中不可或缺的手段最终都没能奏效，没能达到使学生改正的目的时，我们该不该对其实施惩罚？如果可以实施，我们又当如何实施？

　　事实上，"惩罚"与"奖励"一样，是教育教学工作中两个永恒的命题。哪一个教师不曾为这两个命题忧心伤神、辗转反侧呢？它们不仅考验一个教师的教育技巧，更是一个教师教育信念的具体体现。尤其是"惩罚"，教师和家长会想到不少方式，比如，惩罚一个近期视力下降的孩子一个月内不许看电视，惩罚一个考试没考好的孩子比别人多做几套模拟试题，惩罚一个不肯做值日的孩子一连打扫教室两周……这些都是比较"常规"的惩罚方式。而当这些"常规"的方式不能奏效，有的教师和家长还会采取比较极端的方式——体罚。在中国古代，教师对学生的体罚是"常规"而又理所当然的，戒尺的存在就是证明；令人欣慰的是，当下对学生实施体罚的教师虽然没有完全销声匿迹，但已不多见了。但在一些家长那里，体罚依然是一种不可或缺的教育武器——中国自古以来便有"棍棒底下出孝子"的说法。

　　那么，惩罚，尤其是惩罚中的体罚，究竟有没有用处呢？什么样的惩罚方式是"好"的或是"正确"的呢？约翰·洛克在《教育漫话》中多次谈到"正确的惩罚方式"，他一方面反对棍棒教育，主张从一开始就要建立父母在孩子面前的威信，尽量采用温和的据理劝说这种方式进行教育；另一方面他又反复强调，当儿童表现出顽固与倔强，不肯屈服于父母的意志时，就要采取严厉的惩罚方式，而且应当达到一定的目的才可罢休：

> 但是意志里面如果具有顽固不化的成分，如果是一种有意的、有决心的反抗，那么惩罚的分量不能根据他所犯的过失的大小，而应该看他对于父亲的命令不敬重、不服从，究竟到了什么程度；父亲的命令必须永远严格地执行，否则便应不断地加以责打，直至责打的力量达到他的内心，你能看出一种真正忏悔、羞耻和自愿服从的表示。[①]

在洛克看来，最迫不得已的棍棒教育维护的是父亲的权威，惩罚的是那些有意顽抗的儿童，用持续不断的责打迫使他最终认错、屈服。这样看来，洛克似乎是支持棍棒教育的。其实，洛克也非常清楚棍棒教育的弊端。比如，他认为人类的天性是倾向于迷恋肉体的与现实的快乐，是力图避免一切痛苦的，但体罚的方法不但没有控制这种倾向，反而鼓励了它；另外，体罚会使儿童产生逆反心理，养成奴隶式的性格，破坏人的精神，等等。尽管如此，他却依然支持针对那些顽固的、有意冒犯父母权威的儿童实施这种棍棒教育。为了说明这样做的必要性，他举了一个例子：一个平日"细心和蔼的母亲"，为了一件无关紧要的小事要小女儿服从，在一天早上一连将女儿打了八次，才算克服了女儿的顽固倔强。洛克提示说，如果这位母亲打了七次就停手了，那就是"不彻底的打法"，会助长女儿的傲气，但她"聪明地坚持下去了"，据说"从此以后，无论什么事情，她的女儿就没有不立即服从的了"。

我非常怀疑这种"彻底的打法"能真的让女儿从内心深处认识到自己的错误。而且，对女儿不论任何时候都立即服从的态度，我也不觉得这是家长的胜利——这其中毕竟有"屈打成招"的重大嫌疑。肉体的折磨与痛苦真的能触及心灵吗？在洛克看来，体罚是可以使心灵屈服的，体罚的缘由甚至不

---

① [英] 约翰·洛克：《教育漫话》，徐大建译，上海人民出版社 2005 年 10 月第 1 版，第 75 页。

是儿童的过失，而是因为他冒犯了父母的权威——因为体罚的轻重分量不是看儿童所犯的过失的大小，而是要看他对父母权威的侵犯到了什么程度。

而在苏霍姆林斯基那里，体罚是最不被认同的教育手段。他拒绝在任何时候对孩子进行体罚。即使这个孩子表现得顽固、麻木、残忍，他都极力反对对他们实施体罚。恰恰与洛克相反，他是要喊出"执拗性格万岁"的。在他看来，体罚是最要不得的惩罚方式，因为皮带和拳头会在儿童的心灵中扼杀细腻的和敏锐的感情，培植愚昧的本能；用皮带培养出来的儿童会麻木不仁、冷酷无情。

那种从小在皮带和拳头中成长的孩子，他的父亲"是一个上帝只赋予了他生孩子本领的人"，苏霍姆林斯基认为教师尤其不能借助这个父亲的手加重伤害孩子。相反，他主张学校教育要通过实施"美疗"——听音乐、读文学作品，到大自然中游览，编写童话、诗歌等方式，帮助这些孩子麻木、冷酷的心重新恢复活力，恢复对人的信任，恢复敏锐与细腻的感情。

苏霍姆林斯基一向注重家庭教育，在对待体罚这个问题上，他总要使家长相信，体罚不仅标志着家长的软弱无能和惊慌失措，也标志着他们的教育方法极端不文明，这是家长和教育工作者的耻辱。在他不懈的努力下，他的学生家长们都杜绝了体罚孩子的行为。

想起了作家毕淑敏的一篇文章——《孩子，我为什么打你》，这是写给被殴打过的孩子的，似乎可以印证这种教育中的"无能"与"失措"：

> 你像一匹顽皮的小兽，放任无羁地奔向你向往中的草原，而我则要你接受人类社会公认的法则……为了让你记住并终生遵守它们，在所有的苦口婆心都宣告失效，在所有的夸奖、批评、恐吓以及奖赏都无以建树之后，我被迫拿出最后一件武器——这就是殴打。

在这里，体罚是在迫不得已的情况下拿出的最后一件武器。我当然能够理解一个母亲的心，实际上，我认可作家在文章的结尾所说的，"打与不打都是爱"。只是，"殴打"真的是一件能够奏效的武器吗？

曾有一位家长告诉我她教育孩子的事，当时她眼睛里痛苦的神情令我至今难忘。她说，她的儿子很不争气，厌恶学习，疯狂迷恋网络游戏，每次考试在班里都是倒数几名，最近又出现了"早恋"……而她和她的丈夫都是大学毕业，在校期间是优等生，现在在各自的工作岗位上也很有成就。可是，他们生的儿子却如此不让人省心。起初，她和丈夫还有点耐心，在经历了反复地劝诫、说服、警告、诱逼等措施均告失败之后，她的丈夫终于忍无可忍，开始动手了。起初几次，儿子还在哭喊，可打的次数多了，儿子就不再当回事了。更气人的是，有一回丈夫用笤帚打完了他，他竟然把打烂了的笤帚用细绳子绑好重新挂在了厨房的墙上……

　　我想，事已至此，体罚作为一种惩罚的武器，其效果究竟如何，我们可以找到答案了。

　　苏霍姆林斯基不但认为这种方法不能奏效，他甚至认为有经验的教师从来不会使用任何惩罚手段，因为受到惩罚的孩子会因此感到不再需要振作起来，不再需要使自己变好，这几乎等于摧毁了他向上的愿望，堵住了他向着光明前进的道路。苏霍姆林斯基一方面强调在培养道德习惯的过程中，不能容许采取惩罚的手段，另一方面也表达了这样的观点：

　　　　实际上，惩罚的存在就是为了使一个人能检点自己和反思自己。[1]

　　在这里，"惩罚"是一个广义的概念，不仅仅是体罚。如果要采取惩罚的手段，惩罚本身并不是目的，而是为了让人感到羞愧、为自己的过失感到难受，从而受到良心的谴责。我想，苏霍姆林斯基看似有些自相矛盾的说法其实是要强调一个观点，那就是惩罚的存在只有一个目的——让孩子真正从内心深处实现自我反思与批评，这无疑比棍棒下的"屈打成招"更有意义。有意思的是，在这一点上，洛克与苏霍姆林斯基的主张几乎是一样的：洛克也强调要让孩子为自己做错的事感到羞愧，如果仅仅是肉体上的痛苦是没有

---

[1] 苏霍姆林斯基：《怎样培养真正的人》，蔡汀译，教育科学出版社 1992 年 5 月第 1 版，第 203 页。

任何用处的。那么，注重内心的自我检点与反思，不论是洛克还是苏霍姆林斯基，都把这一点认为是惩罚之所以存在的实质意义。

其实，无论是怎样的惩罚，都不可能令人愉快。泰戈尔说得非常好："只有热爱人的才可以去惩戒人。"作为教师和家长，如果我们真的爱孩子，我们就可以去惩戒。这其中的关键就在于，让惩罚变成一个检点与反思自我的过程。这个过程具有一种真正来自内心深处的痛苦，它的强度与深度，它的影响与效应，远远超过一般意义上的棍棒教育。

一条禁律与十条鼓励

有一位教师朋友满心苦恼地告诉我，他班上有一部分学生非常调皮，不但上课走神，交头接耳，做鬼脸，搞小动作，而且在课下也经常惹是生非。开始时只是几个学生而已，教师尚能"控制局面"，但到后来他们就慢慢演变成一个调皮学生小团体，因为这个小团体的存在，最后这个班竟成了学校有名的"乱班"。有一次在学校广播操比赛时，竟有两个学生在队伍中动手打起架来。这位教师采用了各种办法进行整治，包括口头警告，调换座位，请家长协助……但似乎效果不大。看着这位教师忧心忡忡的面容，我深深理解他此时的心情。的确，对于教师来说，除了教学的压力，教师工作的繁琐与复杂还在于对学生的管理。对学生的管理是教育教学中的基本工作，有时教师在学生管理上所花费的心血与精力甚至超出了在教学方面所花费的，每一个教师都不能回避这一点，因为没有管理就没有教育教学。

提到管理，我们往往会想到纪律、守则、规范、惩罚、批评、表扬、鼓励，等等。在学生管理这个问题上，或许没有任何一位教育家像苏霍姆林斯基那样处理得那么成功。他注重实在的建设，反对虚化的要求与规定。在对待许多教育教学实践中非常棘手的问题上，苏霍姆林斯基不仅提出了观点，更提供了翔实的例证和有效的解决办法。我们似乎在他的著作中总能找到问题的根源以及解决问题的答案。这几年，我不断地在他那浩如烟海的著作中沉浮，久久地陷入思索，不止一次地惊讶地发现，许多教育教学中直到现在还在争论不休的问题，苏霍姆林斯基早已经阐述得非常清楚了。这一切源于他三十多年的教育教学实践，源于那颗始终关注孩子、理解孩子、信任孩子的悲悯的心。在他那里，教育总是充满希望的，孩子也总是充满希望的，值得信赖的。因此，在对待学生管理这个问题上，他反对清规戒律，认为建立在清规戒律基础上的教育，实际上会把儿童变成孤独的人，会使他对周围世界失去人的情感反应。他强调不仅应该让学生理解"不许""禁止"意味着什么，更应当使学生能够确信什么是"应当"的和"必须"的。

> 你向自己的学生提出一条禁律，就应当同时提出十条鼓励——鼓励他们从事积极的活动。[①]

少提禁律，多进行鼓励，用积极的活动使学生不但学会控制自己的欲望，而且在精神上获得了自由，在主动的、建设性的活动中获得了无痕的教育。学生不会感觉到教师在对他禁止什么，但他在教师鼓励下的积极活动中却知道了自己应当怎么做。他曾经举例阐释自己的这一观点：不要这样教训孩子："不许摘校园里的花。"而应当这样对他们说："每个人都应当在校园里栽一株花，精心地去照料他。"的确，假如一个孩子在校园里栽下了一株玫瑰，他给它灌溉、施肥，为它发出的每一颗幼芽而惊喜，为即将开放的每一个花苞而欢欣，他会随意地去采摘那些花吗？当然不会。我想，这就是教育的艺术。

苏霍姆林斯基强调，教师要善于放手让儿童发挥自己的力量，而不是进行限制和压抑，不能让儿童经常感觉自己受到了禁止。在他看来，儿童所做的那些应该遭到谴责的、有时甚至是无法解释的行为，实际上正是教师死板的、一味的"禁止"造成的。他打了一个比方，认为这是教师一直用笼子套住儿童所造成的。在苏霍姆林斯基的教育体系中，倡导从积极的、建设性的角度去解决问题，是他超越一般教育理论家的地方。比如，在具体的劳动中培养对家庭、集体及个人的义务与责任感，比无数次空谈式的教育更有效果，更能触及人的内心世界。为了培养学生对母亲的爱与尊重，苏霍姆林斯基从来不会告诫学生不许不尊重母亲、不爱母亲，而是鼓励孩子为母亲种下

---

① 苏霍姆林斯基：《和青年校长的谈话》，赵玮等译，《苏霍姆林斯基选集》第4卷，教育科学出版社2001年8月第1版，第770页。

苹果树与葡萄，把收获的第一批果实送给母亲。在这种具体而长期的劳动中，孩子从内心深处认识到一个孩子对母亲应有的责任感，这比在口头上教育孩子要爱母亲更为有效。而反观我们的教育，在很多时候我们强调的是"禁止"，是"告诫"，而不是鼓励学生从事积极的、具体的活动。学生往往知道什么是被"禁止"的，但却不知道自己到底应该做什么、怎么做。这可能是教育中长期被忽略的一个重要问题，也是教育工作在很多时候没有取得预期效果的重要原因之一。

我在一所学校听课时发现，教室的墙壁上有不少用铅笔和蜡笔涂抹的痕迹，显然这些痕迹是被随意涂抹上去的，因此墙壁显得污迹斑驳。我相信这种情形也不是这个班的教师希望看到的，或许，她曾经不止一次地制止过。但是，面对这些只有七八岁的小朋友，她的禁止似乎没有起什么作用，调皮的孩子总是在她不在的时候，或者在上美术课的时候随意拿起笔就画，毕竟，涂鸦是孩子的天性……我想，如果教师不谈"禁止"，不去"禁止"，而是鼓励孩子，看谁能把墙壁美化得更漂亮，看谁的画更有创意，是否会出现不一样的情景呢？

有一个家长面对孩子沉湎于网络游戏而苦闷不已。后来他禁止孩子上网，不给孩子一分零用钱，规定孩子放学后必须马上回家，孩子回家后，他便把孩子关在房间里，以为这样就万事大吉了。可是后来，这位家长却痛苦地发现，孩子竟然偷了同学的钱，逃学去了学校附近的网吧。我想如果这位家长除了禁止孩子玩网络游戏，可否同时能帮助孩子在其他领域寻找一些乐趣呢？比如，给孩子推荐一些好书，带孩子去看几场好的电影，培养孩子对某一项体育运动的兴趣，或者在音乐、美术等领域做一些尝试，等等，当孩子在这些积极的活动中找到了自己的乐趣，他就不会把网络游戏作为唯一的关注点。毕竟，对孩子来说，兴趣总是容易培养也是容易转移的。

我又想起了开头提到的那个"乱班"，如果教师能设法鼓励学生做一些具体的、积极的活动，而不是一味地批评、禁止，是否会有助于帮助学生养成良好的行为习惯呢？比如，教师不准学生上课交头接耳，可否安排一些有价值的课堂讨论，事先请几个习惯于交头接耳的学生作好发言的准备，然后请他们在课堂上展示一番呢？再如，教师不准学生课下在走廊上、楼梯上追逐打闹，那么可否请这几个"精力特别旺盛"的孩子负责组织班级的体育活动，或者根据他们的特长委派他们负责建立班级的各种兴趣小组？当然，这些方法的实施可能还要根据具体的情况进行调整，甚至不一定能起到立竿见影的效果，但是，无论如何，要让学生不仅知道什么是"禁止"的、"不许"的，更知道自己究竟应该做什么，也就是苏霍姆林斯基所说的，提出一条禁律必须同时提出十条鼓励，这是最重要的。否则，教育就会沦为僵化与被动，等待学生的不是希望和鼓励，而是冷冰冰的批评与告诫，当这一切没有取得预想的效果，最终教师将不得不动用最后的手段——惩罚。惩罚固然是一种教育手段，但不论是洛克、夸美纽斯，还是苏霍姆林斯基，不到万不得已，是不赞成采用这种手段的。说到底，教育的职责还是应该唤醒人性中那些善良的、美好的东西，而这些都依靠无限的信赖和真诚的鼓励。

是的，对孩子而言，具体的、积极的鼓励比严厉的、粗暴的禁止更重要，也更有效。

一天淘出一粒金子

　　我听课时除了关注教师对教学过程与细节的处理，还注意观察坐在讲台下的孩子，看他们的表情神色，听他们的语言表达。我以为从孩子的课堂表现中更能够看出问题和教学的成效。遗憾的是，在许多时候，在不少教师的课堂上，我总能发现一些神色黯然、无动于衷的孩子，似乎他的思维停在遥远的地方，任教师讲什么都不能引起他的兴趣。若有机会看看这些孩子的课堂作业，我几乎无一例外地发现，这些孩子的作业一团糟。毫无疑问，这是一些在学习上出现问题的孩子，也是苏霍姆林斯基认为的一些"难教的孩子"，确切地说，这是"难教的孩子"中的一类。

　　看到这样的孩子，我总是心情沉重。这些孩子坐在教室里，为什么会与其他的孩子不一样，他们在学习上究竟遇到了什么问题？他们为什么甚至连学习的愿望也没有，又究竟是什么使他丧失了这种愿望？

　　我曾尝试着与一些教师就这个问题展开过交流。老师们告诉我，这些孩子在学习上发生问题的原因都不一样，有的是智力问题，有的是精神不够集中的问题，还有的是身体问题……但是，问题真的是这么简单吗？这些问题的背后究竟又掩藏着什么呢？

　　夏天的晚上，我在小区外的河边散步，邻居小朋友跑来告诉我，她班里的同学王斌（化名）不用写作业。我问原因，她说是老师告诉王斌不用写作业的。我更糊涂了。小朋友接着给我解释，原来王斌平时总不爱完成作业，学习成绩很差，老师就告诉他，既然你学习成绩这么差，还不爱写作业，今后就不用写了，即便写了，老师也不会给你批改。听到这里，我才明白原来是老师给王斌的一种惩罚。我能够想象这位教师为了解决像王斌这样的学生成绩差、不写作业的问题，可能采取了各种方法，但由于种种原因，这些方法都未能奏效，最后教师无计可施，在万般无奈之际就动用了这样的办法。但是，这种近乎负气似的惩罚真的就有效果吗？我接着问邻居小朋友，那么王斌真的不写作业了吗？小朋友冲我点了点头。

不知为什么，我想到了那些坐在教室里神色黯然、无精打采的孩子。因为种种原因，这类孩子不仅学习成绩差，还养成了不写作业等坏毛病。按常理推断，教师该是在作出了种种努力之后才采用了这样的办法。我相信这位教师的本意是好的，因为没有一个教师不希望自己的学生向好的方向发展。但是，这位教师不知道，他的方法却堵塞了一个孩子向上的道路，使他看不见前进的方向。教师本意是想促使他自我反思、自我批评，同时表达对这个孩子的批评和不满，但这种批评和不满是在剥夺他的自尊的情况下进行的。当教师在班里宣布他从此可以不写作业，孩子就深深地感觉到，老师对他失望透顶，认为他再也没有任何希望，老师已经彻底放弃了他，因此他不但不会感谢老师，反而备感羞辱，从此就破罐破摔了。

我不知道造成这个孩子成绩差、不写作业的原因究竟是什么，事实上每一个"难教的孩子"之所以"难教"的原因也不尽相同，但有一点我们应该清楚，那就是面对这些"难教的孩子"，教师永远不能丧失信心，更不能使孩子丧失信心。不管他已经处于一种怎样糟糕的状态，教师都应该给予孩子充分的信任和足够的耐心，使他看到前进的方向，千方百计帮助孩子建立自信，树立自尊，激发他内心深处学习的愿望。当孩子感觉到自己被信任、被尊重、被寄予良好的愿望时，当孩子感觉到你内心深处的善意时，教育就有了成功的前提。而在这个过程中，教师的教学方法是否先进，理念是否超前，都不占据主要的地位。正如苏霍姆林斯基所说——

很重要的一点是要用长远的眼光来看我们所从事的活生生的教育工作：一天从一堆沙土中淘出一粒金子，一千天就能淘出一千粒金子。[1]

---

[1] 苏霍姆林斯基：《和青年校长的谈话》，赵玮等译，《苏霍姆林斯基选集》第4卷，教育科学出版社2001年8月第1版，第692页。

是的，教育，尤其是对这些"难教的孩子"的教育，特别需要一种长远的眼光，要有这种"一天淘出一粒金子"的精神，慢慢地接近我们理想的教育目标，所以我非常认同"慢教育"的说法。教育不是一蹴而就，因为我们面对的是复杂、鲜活的生命个体，每个个体自有其成长的秘密，需要我们以加倍的耐心和细心，去等待和面对。这是一项非常复杂、折磨人的工作，任何一点粗暴、急躁，任何一丝一毫的冷漠，甚至一个无意的眼神，也许都足以摧毁那一颗颗脆弱、娇嫩的心灵。

苏霍姆林斯基用大量的篇幅论述过关于"难教孩子"的教育。他强调教师在任何时候都不要急于作出最后的、绝对的结论，认为某某学生什么都做不成，他的命运就这么注定了。教师要千方百计地激发、保持学生内心深处那种学习的愿望，愿望就好比是深植在土壤中的细小的根须，要想看到最美的生命的花朵，就不能忽视那些深植在土壤中的细小的根须，没有这些根须，生命和美就会凋谢。教师要毫不间断地给这些根须提供滋养，要相信思维就像一朵花，它逐渐积累生命的汁液，只要我们不停地用汁液浇灌它的根，给它合适的土壤和阳光，终有一天，生命的花朵就一定会绽放。

从教十几年来，我也遇到过"难教的孩子"，也有过悲观、失望的时候。但正是在这个过程中，我感受到教育工作巨大的挑战性。在我看来，这也是教育工作最迷人的地方。正如苏霍姆林斯基所说，教师要带领孩子，尤其是那些"难教的孩子"，怀着一天淘出一粒金子的精神，从一个胜利走向另一个胜利，决不让任何一个孩子陷入孤独、黑暗之中，决不让任何一个孩子感受到没有出路的悲哀和绝望。这是一个根本的教育原则，也是一个教师最可贵的教育信仰。

莫做孩子的报忧者

对于本该无忧无虑的孩子来说，什么样的东西能够使他产生忧虑？

我们可以设想很多答案：家庭变故，父母离异，生病，没有朋友，没有玩具，挨饿受冻等等。应该说，这些皆有可能，但都不具有普遍意义——确切地说，是对于当下大多数中国孩子来说。

那么，什么样的答案才具有普遍意义？对于大多数中国孩子来说，我想只有一个答案：考试分数。

其实，在 20 世纪中叶苏霍姆林斯基生活的乌克兰，他给出的也是这个答案，只不过他的一生一直都在致力于帮助孩子从这种忧虑中解放出来。所以他说：

> 我从来不是孩子们的报忧者，一个不及格的分数对孩子来说是一个重大的忧患。[1]

苏霍姆林斯基谈到过一个 10 岁女孩的故事。小女孩的妈妈给苏霍姆林斯基写信，说她的女儿流着眼泪打开了写满了"2 分"的成绩册，恳求说："妈妈，咱们搬到没有学校的地方去住吧……"读着这样的故事，我的眼泪也在不知不觉中流了下来。我们的教育究竟做了些什么啊！我们把掌握知识的多少、考试分数的高低当成了孩子幸福的全部。倘若我们还在安然地允许这样的事情继续存在，倘若每一个看到这个故事的教师都有足够的勇气自我

---

[1] 苏霍姆林斯基:《我把心给了孩子们》，唐其慈等译，《苏霍姆林斯基选集》第 3 卷，教育科学出版社 2001 年 8 月第 1 版，第 236 页。

追问，我们就不能不为自己感到羞耻。我们这些做教师的人，当我们在孩子的成绩册上打上那一个个不及格的分数时，我相信我们的心里其实也并不好受。学生没有在学习上获得成功，一个有责任感的教师内心产生挫败感是一件自然的事情。而教育这项工作是那样复杂与繁重，当你从事了这么复杂与繁重的工作却看不到自己的劳动成果时，那种沮丧的心情也是可想而知的。于是，我们那支打分的笔也似乎格外沉重。我们不能无视这样一种事实：每一个孩子在寻求智慧的道路上，不可能步调一致，他们大脑中的某些沉睡的区域还有待于教师去唤醒；而且，分数只不过是孩子精神生活的一个局部，是众多区域中的一个局部，而不是全部。也许，在其他的一些"局部"，他完全可以有出色的表现，并获得成功与自信。

台湾女作家三毛就曾是一个数学考零分的孩子。老师用毛笔蘸上墨汁在她的眼眶周围画上两个大大的鸭蛋，让她站在同学们面前，只因为她的数学总是考零分。这一切给童年时的三毛造成了巨大的伤害，以致她严重自闭，不得不辍学在家。可就是这个数学总是考鸭蛋的女孩，却成了著名的作家，她的文字和生活成了无数人向往的传奇。

三毛还是幸运的，毕竟她没被毁掉，相反正因为这场分数带来的挫折和灾难使她反而在写作中获得了发展的机会。但这绝不是说这样的伤害值得原谅。毕竟，不管三毛在写作中获得多大的成功，童年时所受到的伤害并不是某些成功能够弥补的，发生的毕竟已经发生，这是无可改变的事实。

不及格的分数本身对孩子来说是一个巨大的挫折。一些在成年人看来微不足道的事情，放在孩子那里也许就成为一种灾难。如果作为成年人的教师不能理解这一点，他就会毫不留情地把不及格的分数打给孩子，甚至在有些教师那里会演变成一种惩罚的工具，正如三毛的这位数学老师。而这不仅仅是教师爱心缺失的问题，同时也是缺乏教育常识的问题。

苏霍姆林斯基正是因为看到了不及格的分数给学生造成的巨大伤害，因此他一再地强调这个常识：不要让上课、评分成为人的精神生活的唯一的、吞没一切的活动领地，当儿童那颗柔嫩的心灵还没有穿上冷漠的铠甲之前，不要让不及格的分数成为一场巨大的灾难。在这个世界上，没有什么比儿童的幸福和精神生活的充实更重要。

我曾长时间在一些教育网站"潜水"，阅读一些教师和家长写的教育随笔，偶尔也会做一些评论。在一个家长的育儿笔记中，我读到了一些令人忧心的场景：一个9岁的男孩，学习成绩很差，家长非常担心、焦虑，每天晚上除了帮助孩子写完家庭作业以外，还要再增加一些额外的习题让孩子做。每天晚上孩子都睡得很迟。第二天早上5点多钟，妈妈就会准时叫他起床。儿子困得昏昏沉沉，不肯穿衣服，妈妈就会一边帮孩子穿衣服一边"教育"孩子："你要笨鸟先飞！知道自己笨，才更应该努力……"这样的育儿方式几乎让我愤怒：分数就那么重要吗？与孩子的健康、幸福相比，分数究竟是个什么东西！

后来，又读到另一位家长写的育儿随笔。这是一位大学教师，她的女儿同样考试不及格，做家长的同样十分烦恼。但令人感动的是，当她看到女儿因为担心考试而闷闷不乐时，这位家长毅然对女儿说："孩子，只要你尽力了，你就是考零分，你依然是妈妈最爱的宝贝！"在我看来，这不仅是对女儿的温暖的宽慰，更是一种强大的帮助，它让孩子看到了生活中不仅只有分数，带来幸福和快乐的不仅只有分数；在任何情况下，妈妈的爱永远在自己身边，幸福永远在自己身边。

同样作为一个孩子的母亲，我也想对自己的女儿说："无论如何，你都是妈妈最爱的宝贝！"这是一个母亲爱孩子的本能，也是一个最朴素、最基本的教育起点。

而作为教师，我们能不能说、敢不敢说——

"孩子，我们一起努力，无论如何，你都是我最爱的学生！"

苏霍姆林斯基是敢说的——

我不能想像，一个学生某个时候会使我讨厌，以致我不再爱他。这是不可能的，因为对学生身上的人性的认识是无穷无尽的，所以不能说：认识就此告终，你身上再没有什么东西是我所不知的了。[①]

对学生永远怀着一种信任，相信在他身上还有许多有待挖掘的东西，教师就会多一分耐心与期待。我们从苏霍姆林斯基所叙述的大量案例中，尤其是那些帮助智力发育迟缓的孩子的过程中，我们可以看到这份超乎寻常的耐心与期待，还有无限的信任与悲悯。

因此，一向谦和的苏霍姆林斯基自豪地宣布——

在小学 4 年的教学过程中，我从未给学生打过一个不及格的分数——不管是书面作业，还是口头回答。[②]

苏霍姆林斯基只在孩子脑力劳动取得良好成绩的情况下才给他打分。他力求使孩子明白，教师评价的不光是他的成绩，还有他对待学习的精神态度和努力程度。当孩子暂时没有得到分数，他就知道自己还应该更加努力，通往成功的路并没有被堵死，老师在等待着他，相信他一定会成功。受到这样鼓舞的孩子，他内心深处良好的愿望会被激发，他就没有理由不继续努力。

我经常以极其惶恐的心情想到追求好分数的狂热性——这种狂热性来自家庭，又蔓延至教师，成为学生幼小心灵上的沉重负担，摧残他们的心灵。[③]

让我们也以极其惶恐的心情告诫自己：莫让不及格的分数成为孩子的灾难，莫让自己成为孩子的报忧者。

---

① 苏霍姆林斯基：《怎样爱学生》，刘伦振译，《苏霍姆林斯基选集》第 5 卷，教育科学出版社 2001 年 8 月第 1 版，第 425 页。

② 苏霍姆林斯基：《我把心给了孩子们》，唐其慈等译，《苏霍姆林斯基选集》第 3 卷，教育科学出版社 2001 年 8 月第 1 版，第 224 页。

③ 同上，第 163 页。

教师的劳动如何超拔于苦难

寒假快结束时，看到一家报纸对"假期综合征"作了一次调查。结果显示，在患有"假期综合征"的人群中，教师所占比例最大。

对这个结论我是信服的，因为我本人即是一个"假期综合征"患者。临近开学，心情焦虑，心跳发慌，夜晚失眠，无着无落，莫名的烦躁，皮肤也似乎黯淡了许多。郁闷之极，给同是教师的朋友们打电话，发现出现跟我一样症状的大有人在。

这不禁引发了我的思索。为什么教师害怕上班？曾几何时，学校变成了令人生畏的地方？教师的劳动为何变成了一种苦难？

我们必须承认，当今的教育大环境给教师带来了极大的挑战和压力。一方面教师课时压力比较重，大多数教师每周工作量都在20节课左右，还不算做班主任、辅导员的工作量；另一方面要帮助学生对付各种各样的考试，其实考试不仅是考学生，更是在考教师，这是大家心知肚明的。每年中考、高考完毕，学生成绩好的教师长出一口气，总算对得起学生和家长，自己的面子也保住了；学生成绩不好的教师，不用他谴责自己，来自学校、家长、社会等各方面的压力就足以令他抬不起头来。我的一个同学，大学毕业后在一所重点中学教语文，晚上12点钟以后睡觉是家常便饭，偏偏她是个禁不住折腾的主，有一次洗澡时竟因疲劳过度晕倒在洗手间，幸亏被丈夫及时发现。

其实，除了帮助学生考试，教师自己也要面临一系列的考试。光一个职称考试就包括教育教学能力考试、外语考试、普通话考试和计算机等级考试，任何一种考试通不过都没有资格申报职称。除此之外，还有一些继续教育考试和基于教师培训主题下的各种考试等等，种类繁多，不一而足。更有某地出台了一个新的考试规定，让教师和学生一起参加考试，做同样一份试题，比一比谁考得更好。应该说，这种做法的利弊还有待进一步证明。但我们可以从这些现象中看到教师的处境。不得不说，这一切使教师生涯变得有些令人生畏。而从教师角度来看，目前这种处境似乎很难改变。

虽然教师职业是这样辛苦，但仍然有很多教师由衷地热爱这个职业，他们在教育教学中所作出的突出贡献很难仅仅用"勤奋""敬业"等词语来形容。那么，对于这部分教师来说，究竟是什么使他们"累并快乐着"？

苏霍姆林斯基认为有一条很重要又很平凡的真理，那就是教师应当拥有巨大的热爱人和无限热爱自己的劳动的才能。只有热爱孩子、热爱自己的劳动，才能长年保持精力充沛、头脑清晰、印象清鲜、感情敏锐。假若一个教师不具备这些品格，那么他的劳动就会变为苦难。的确，如果一个教师没有爱上自己的学生，没有爱上教师这个职业，那么这个教师的劳动就会成为一种苦难。因为教师的劳动首先是紧张的精神劳动，这就决定了这种劳动是一种智能的创造。因此苏霍姆林斯基认为世界上没有任何一种极为艰巨、极为繁重的精神劳动能与教师的劳动相比。况且，在这个复杂的、创造性的精神劳动过程中，伴随着并不轻松的体力劳动。苏霍姆林斯基把教师对学生的爱、对自己劳动的爱看作是教师超拔于苦难的根本要素。苏霍姆林斯基的一生真正做到了把心献给孩子们，献给他所热爱的教师职业，他的一系列鸿篇巨著就足以说明问题。他无法想象某个学生在某个时候会使他讨厌，以致不再爱这个学生。他认为这是不可能的，因为他觉得对学生身上的人性的认识是无穷无尽的，不管什么样的孩子，其身上总有教师所不了解的东西。因此，永远去爱孩子，永远不对某个孩子抱有绝望的心理，应该成为一个教师的信念。否则，教师的劳动就会成为苦难。

我们在苏霍姆林斯基的著作中，看到了大量教育教学的案例，有相当一部分是针对"难教学生"的，他们"难教"的原因各种各样，但苏霍姆林斯基对每一个孩子都倾注了全身心的关怀和热爱。在阅读这些著作的过程中，我始终都能感到一双悲悯、慈爱的目光，感到一双大手温暖的抚摩，感到有一颗心始终与我们在一起。我知道，这些文字里浸满了爱，这些文字所记录的岁月浸满了爱。苏霍姆林斯基就是这样毕生爱孩子，爱教师这个职业的。他把教师对学生的爱看作是教师这个职业有意义的关键所在，认为如果教师不爱学生，无异于歌手没有嗓音，乐师没有听觉，画家没有色彩感。新生开学的时候，苏霍姆林斯基就是用这种浸满了爱的目光去观察孩子们的：

> 我凝视着那一双双乌黑、淡蓝、墨绿、浅灰色的眼睛，觉得每个儿童此刻都打开了通往世界的小窗口，在入迷地观看着蓝天和大地、太阳和月亮、鲜花和飞鸟，而且每一个小窗口互不相同，各具特色。①

我是多么迷恋于这样的文字，只有眼神里浸满了爱的教师才能从这一双双不同色彩的眼睛里看到那一个个五彩斑斓的世界，而教师自己也正是在这个过程中才能获得巨大的成就感所带来的快乐和幸福。

我们是多么熟悉这样的情景：在课堂上，儿童盯住了树影投在教室墙壁上的跳跃的光点，看得入了迷，所以对教师所讲的东西一点也没听进去。面对这样的孩子，苏霍姆林斯基这样提醒教师：

> 你不要大声斥责他，不要把他当着全班同学的面搞成不注意听讲、坐不安稳的坏典型——你要做的完全不是这样的事。我劝你轻轻地走到他眼前，握住他的双手，把他从他那童年的美妙的独木舟上引渡到全班学生乘坐的认识的快艇上来。②

知道孩子，并允许孩子有那么一刻可以沉浸在童年的河流里，帮助他而不是命令他学会支配自己的时间和思想，永远跟他站在一起，走在一起，也决不允许别人孤立他，挖苦他。我听见了老师迈着轻轻的脚步走来，我甚至

----

① 苏霍姆林斯基:《怎样爱学生》，刘伦振译，《苏霍姆林斯基选集》第5卷，教育科学出版社2001年8月第1版，第425页。

② 苏霍姆林斯基:《给教师的建议》，杜殿坤编译，教育科学出版社1984年6月第2版，第74页。

感受到了那双大手的温热，在那双注视我的眼睛里看到了全部的理解和慈爱。

童年的小舟缓缓地行驶在童年的河流里，有些事情注定会发生，就如孩子上课会走神，会忘记写作业，会有那么一刻想做点大人看来非常无聊的事，但这就是儿童。我们已经走过，也应该帮助孩子安然地、没有任何恐惧地走过。

除了爱孩子，对于繁重琐细的教师工作，苏霍姆林斯基把教育教学研究看作是一条摆脱苦难的幸福之路。他给校长们提出建议——

> 如果你想使教育工作给教师带来快乐，使每天的上课不致变成单调乏味的苦差，那就请你把每个教师引上进行研究的幸福之路吧。①

这条著名的建议虽是针对校长提出的，但也说明教育教学研究是教师获得职业幸福的关键所在。在我所接触的一些优秀教师之中，我无一例外地发现，他们都能独立进行教育教学研究，并把自己研究的设想与成果付诸实践。在这种不断地检验与反思中，他们的教育教学水平不断提升。当然，这里的研究并不单是指所谓的教育科研课题，而是即使他们没有承担某个"课题"也能思索一些问题，并在实践中尝试解决这些问题。他们也有困惑，甚至也有牢骚，但因为他们在自己的工作中充分地调动了自己的创造才能，而不是把教师的劳动看作是年复一年、日复一日的单调重复行为，这种劳动就充满了期待，充满了未知，因而自己的教师生涯也就焕发了光彩。

即使是当年工作在帕夫雷什中学的教师，那一群幸运的与苏霍姆林斯基工作在一起的教师，他们也一样有自己的困惑，有一些自己无法解决的难题，从苏霍姆林斯基撰写的大量教育教学案例中可以看到这一点。问题的关键就在于，我们怎样对待孩子和我们所从事的工作，那该是一种爱的创造，一种在创造中的爱。而这，将帮助我们超拔于苦难。

---

① 苏霍姆林斯基:《和青年校长的谈话》，赵玮等译，《苏霍姆林斯基选集》第 4 卷，教育科学出版社 2001 年 8 月第 1 版，第 670 页。

第五辑

世界上的一切都与你有关

爱人类比爱一个人容易得多

这些年，我曾经不止一次参加了有关部门举办的中小学生作文竞赛的评奖工作，其中多次是以"爱祖国、爱家乡"为主题的。面对孩子们雪片一样飞来的文章，面对那一篇篇经过了精心修改与打磨过的文章，面对它们所承载的孩子、教师和家长的期盼，似乎没有人怀疑这类征文主题是否合适。让学生"爱祖国、爱家乡"有错吗？

但问题恰恰就在这里。苏霍姆林斯基曾经专门就这一类的作文竞赛提出过批评，认为教育中再也没有比这更愚蠢的事情了。在他看来，孩子们在洋洋洒洒下笔千言的时候，热爱祖国、热爱家乡往往成了空洞的口号，"祖国""家乡"这些原本神圣的词语变成了高调却毫无意义的空谈，成了响亮而空洞的词藻，它们由于一再被重复而变得黯然失色、平淡无奇。他主张不要让学生把热爱祖国、热爱家乡的话停留在口头上，甚至要慎重谈论这些。与其空喊口号，不如让学生比赛谁能把不毛之地变成森林，不如让学生动手种下一棵小橡树。他主张具体的、行动的爱，而不主张谈论爱。在对于具体的人、对于整个人类的爱上，他也依然坚持这个观点。他说：

> 可是爱人类比爱一个具体的人容易得多。在口头上说说"我爱人们"比较容易，而去帮助一个身边的人却是比较难的。[1]

正是基于这样的洞见，苏霍姆林斯基在他的教育生涯中一直致力于教育学生要关心自己的家人、同学，关心自己周围的人们，反对空谈"爱"却对

---

[1] 苏霍姆林斯基：《公民的诞生》，黄之瑞等译，教育科学出版社2002年4月第1版，第399页。

自己的亲人或周围某一个需要帮助的人抱冷漠态度。他想方设法教会学生去体察身边的人内心深处可能隐藏的那些默默的痛苦，学会在别人痛苦的时刻给予发自内心的同情与关爱。

农庄里有一个老年妇女，她的丈夫和三个儿子都在二战期间阵亡。面对她的不幸，苏霍姆林斯基和孩子们一起为她种下了苹果树和葡萄，并把结下的第一批成熟的果实送给这位英雄的母亲。还有那位因为失去了老伴而沉郁绝望的老爷爷，苏霍姆林斯基和孩子们也同样给予了他真诚的关心和安慰，他们陪伴他聊天，到他老伴的墓前献鲜花，还把熬好的粥给他送去。老爷爷渐渐地走出了内心的阴霾，他开始对外界、对孩子们的爱有了反应，继而也把自己的爱献给了孩子们。让一个老人在爱意与温暖中离开这个世界，再也没有这样的爱更具体、更有价值了。而面对自己的同学，孩子们也一样表现得令人欣慰。在即将春游的时候，班里一个同学的母亲突然生病，这个同学因为要照顾母亲而不能去春游了，为了不使他感到难过，孩子们集体作出决定：放弃这次春游。对于十来岁的孩子来说，这样的决定是惊人的。就是在这种点点滴滴的教育中，孩子们在心中逐渐树立了这样的道德信念：爱不是用虚无的语言去谈论的，真正的爱应该付诸具体的行动。

我曾在一所学校听见孩子们在晨读时间大声背诵《小学生守则》。后来我与该班教师座谈，忍不住询问了这个问题：为什么不利用清晨的时光让孩子背诵唐诗宋词，却让孩子背诵这些东西呢？这位教师无奈地回答我，这是为了整顿学生的纪律，养成良好的班风。当我听到孩子们用稚嫩的声音响亮地背出"热爱祖国，热爱人民"的守则时，我不知道这样的"热爱"究竟是否会被落到实处，学生能否因为背诵了《守则》就变得有规矩了，良好的班风是否就因此养成了。对此，我并不乐观，大量的事实教育了我。看看有些孩子在家长面前娇纵任性的态度就可以断定，我们所大力倡导的某些"热爱"，对于孩子来说，并没有真正在内心深处扎下根来，他们甚至不"热爱"自己的父母，不"热爱"自己的老师和同学。遗憾的是，我们的很多教师面对这些教育上的难题，并没有找到其出现的根源，更遑论寻到解决的办法了。

我曾见一所学校为了培养孩子对父母的感恩，举行"我们怎样爱父母"的演讲比赛，打扮得花枝招展的孩子们挨个登场，慷慨陈词，背诵着一篇篇事先写好的演讲稿。然后观众掌声响起，台下评委开始打分。作为评委之一的我，在决定如何评判这些孩子的演讲时，内心充满了矛盾。孩子们的讲稿言辞流畅，甚至可称得上华美，一定是经过了反复斟酌修改的，可说是无可挑剔；他们的声音响亮悦耳，表情丰富投入，也可说是恰到好处。但我却有一种如鲠在喉的感觉：这些演讲带有更多表演的成分，他们用修饰过的声音和表情演给观众，博取掌声和高分。而这些都是只有十一二岁的孩子啊！我忽然产生了一种强烈的厌恶感，我厌恶的不是这些孩子们，而是那些让孩子演讲的人，那些替孩子写好了讲稿的教师和家长，那些教给孩子该如何恰当地表现声音和表情的指导者，还包括我自己在内的给孩子评分却不一定懂得真爱的所谓"专家"。

我常常想，如果我们能引导孩子在父母下班回家的那一刻，微笑着迎上前去，接过父母的皮包，递上一杯热茶，这也许比组织"我们怎样爱父母"的演讲比赛要好得多。

忽然想起了我深爱的诗人海子的一首诗。那是 1988 年的 7 月 25 日深夜，海子乘坐的火车经过戈壁德令哈。在疾驰的火车上，海子写下了《日记》。在诗的结尾，他这样写道：

> 姐姐，今夜我不关心人类，我只想你

这是真正激荡过我的诗句。他让我知道，爱是如何的真切，具体，远比某些看似崇高实则虚无的感情要可贵得多。

世界上的一切都与你有关

　　1964 年，帕夫雷什中学的化学教师 E·E·科洛米钦科在致毕业生的祝词中说，要像珍视生命和个人荣誉那样珍视真理，要毕生为真理而斗争，而这个真理意味着：生活中没有哪件事不与你有关。

　　E·E·科洛米钦科的这段话，使我想到了在美国波士顿犹太人屠杀纪念碑上，德国马丁·内莫勒神甫的一段文字：

> 当他们屠杀共产党的时候我不说话，我不是共产主义者；
>
> 当他们屠杀犹太人的时候我也不说话，我不是犹太人；
>
> 当他们屠杀新教徒的时候我还是不说话，我也不是新教徒；
>
> 最后他们奔我而来了，再也没有人能替我说话了。

　　无论是科洛米钦科，还是马丁·内莫勒，他们的话都表达了同样一个观点：在这个世界上，一切都与你有关。一场遥远的战争，一个乞丐的死亡，一棵树在春天发出的第一颗嫩芽，一条河流经了哪一片土地，这些都与你有关。而这也正是苏霍姆林斯基教育思想中反复强调的一个部分。他认为，作为一个教育者，尤其是作为班主任和人文学科的教师，发展少年作为公民对世界的观察力是非常重要的，而且在这个发展过程中，要逐步使之变得敏锐起来。一个孩子，当他对发生在遥远的帕米尔高原山脚下某个地方的事感到激动不安，那么他就会对身边发生的一切表现出十分真实的关切。而这，是一个孩子看待世界、参与生活的思想基础。如果缺乏这个思想基础，教育就完全沦为工具，沦为扼杀孩子精神生活的帮凶。每一个教师都要努力使每一个孩子都能珍视某种东西，保护某种东西，关心某种东西，这是情感教育、美育和德育中最细腻的东西。只有这样，才能培养孩子的高尚精神和人道主义精神。

古人有云："两耳不闻窗外事，一心只读圣贤书。"仔细想来，这种死读书、唯读书的境界哪怕是在古代也是很难达到的，毕竟，人要生存，要与人交往，人从内心深处也有一种根深蒂固的需要，那就是活在人们中间。即使是那些所谓的隐士，我也并不认为他能够做到与世界完全隔绝——只要他还活着，他就必然生活在这个世界上。但是，既然有此一说，我们就不妨思考：如此专注于读书究竟为哪般？"书中自有颜如玉，书中自有黄金屋"，这一方面说明了读书的好处，另一方面也说明了一部分古代读书人的目的与追求也并非那么纯粹。那么，这也同时说明了一个问题，所谓"两耳不闻窗外事，一心只读圣贤书"，即使是在古代，充其量也不过是一种理想罢了。所以还是顾宪成说得好："风声雨声读书声，声声入耳；家事国事天下事，事事关心。"

顾宪成的这副对联强调的是"声声入耳""事事关心"，实际上强调的是读书人与外界的联系，但并未明确指出与外界保持联系有何意义，我个人认为在境界上似乎比苏霍姆林斯基差了一层。在苏霍姆林斯基的教育生涯中，他的确无时无刻不在引导孩子用自己的眼睛观察这个世界上的一切，用自己的心灵体验这个世界上的一切，并在这个过程中帮助孩子树立道德责任感。当孩子把自己的眼睛观察到的一切，把自己的心灵体验到的一切融入自己的精神世界中，他的道德感就逐步形成了。

在我们的教师群体中，应该说很少有人具有这种"一切与你有关"的信念，因此也没有意识帮助孩子树立这样的信念，他们的教育教学囿于学校，止于应试，孩子们的心灵在沦陷。这样教育出来的孩子，他们也许会取得很高的分数，但内心却极其冷漠，自私的种子早已深埋在心灵的某一个角落，一旦遇到合适的土壤就会疯狂地生长起来。应该说，这是教育中最可怕的隐患之一。

一个中学老师告诉我，美国"9·11"事件爆发后，有一个中学生在作文中竟然大声欢呼："这一幕太精彩了！美国人咎由自取，让撞击来得更猛烈些吧！”并且和几个同学一起买来饮料和零食庆祝。听到这样的故事，我们不能不感到悲哀。我们的孩子为什么会缺乏起码的人道主义情怀呢？如果说"事不关己、高高挂起"是国人惯有的一种处事态度，我们因此感到无奈与愤怒，那么这种幸灾乐祸的态度就令人十分痛心了。

不由得想起了鲁迅先生的"看客"之说。当阿Q迷迷糊糊被砍头的时候，看客们的头还长在脖子上，但他们未必知道，他们的头未必总可以这么稳稳地长在上面，尽管阿Q并不是一个真正的革命党，他的被砍头并不具备那么宏大的意义。可鲁迅先生，也同样发出了这样的感叹："无穷的远方。无穷的人们……都和我有关。"

我希望孩子们能从沉重的作业中抬起头来，用自己的眼睛看看周围正在发生的一切。孩子们不应该只捐出自己的零花钱就够了，他们更应该学会用自己的心去关注、体验这个世界上存在的苦难，并且为世界依然存在苦难而痛苦。而在苏霍姆林斯基看来，只是去体验和痛苦还不够，孩子们更应该去承担——

> 孩子们不能作为一个冷眼旁观的人，只知道在什么地方发生了什么事情，能讲讲这些事情，而要作为能为人类的命运分担忧虑的人进入这个世界。①

在1924年的中国，在浙江上虞美丽的白马湖畔，春晖中学的创始人经亨颐先生发表题为《勖白马湖生涯的春晖学生》的演讲：

> 白马湖不是避人避世的桃源，是暂时立于局外，旁观者清，不受牵制，造成将来勇猛的生力军的所在。

由此不难看出，经亨颐的教育信仰也同样是要求学生要最终进入这个世界，继而分担这个世界的忧愁，乃至改造这个世界。

---

① 苏霍姆林斯基：《我把心给了孩子们》，唐其慈等译，《苏霍姆林斯基选集》第3卷，教育科学出版社2001年8月第1版，第216页。

无论是经亨颐还是苏霍姆林斯基，他们似乎已经变得久远。而在当下的中国教师中，有多少人能够把孩子们的视线暂时从课本中引开，让孩子从书山题海中暂时逃离出来，使他们能够睁开眼睛看一看这个世界正在发生的一切？

　　这很重要。因为，这个世界上没有什么不与你有关。

做一个道德上进攻的人

当下，许多东西开始崩塌，有的早已崩塌。而那些剩下的东西，能坚守尚且不易，更遑论站稳了阵地再向自己的对立面进攻了。

但这些沉重的现实却并非只发生在当下，只发生在中国。事实上，普世的价值观之所以确立，原因就在于人们对反映人性、符合人性的东西形成了一种近乎本能的维护，而这种维护经常会遇到挑战，这就足以说明即使是维护普世的价值观也需要进行斗争。

王开岭先生在一篇名为《树，树，树》的文章中介绍了一个故事：一位名叫朱丽娅·希尔的少女，为保护北美一株巨大的红杉树，竟然在这棵有18层楼高的树上栖居了738天，直到这棵树的所有者——太平洋木材公司承诺不砍伐该树。

这是一个几乎让人难以置信的故事。很难想象，一个女孩为了保护一棵树竟然忍受了两年多的艰苦生活。她忍受了冬季风暴的袭击，用来遮挡风寒的只是一块蓝色帆布；她无法洗澡，只能用一块湿海绵擦身。为了保护森林，她承受了常人难以想象的痛苦，乃至于再次踏上大地时，她忍不住喜极而泣。

对这株红杉树来说，希尔是它的天使，是它的保护神；而对那些要砍伐这棵树的人来说，希尔是他们最弱小然而又是最强大的对手，她用一种最朴素又是最坚决的方式成为一个以守为攻的捍卫者，并最终成为这场斗争的胜利者。

苏霍姆林斯基赞成孩子们对恶的、不道德的行为表现出那种不妥协与批判的鲜明态度。当孩子们用自己的方式"报复"了那些森林的破坏者，他没有批评他们，甚至与孩子们一起为那些人的偷盗行为感到愤怒。孩子们帮助农庄庄员们往卡车里运玉米种子，尽量挑最大个的玉米棒子装，可是工作队长提议，为了尽快完成任务，只把最好的放在上面，往车厢底层随便装些什么样的都行。孩子们生气了，他们把全部情况告诉了老师，与这种虚假欺骗、毫无道德责任感的行为作斗争。而对于那个把小女孩挤进了雪堆里，不但没有提供帮助反而发出嘲笑的男孩亚历山大，孩子们纷纷对他进行了谴责。在苏霍姆林斯基的教育信念中，他强调不能让孩子看到犯罪行为或是不道德的行为而只是去评论一番，更不能妥协或者视而不见，必须勇敢地站出来进行旗帜鲜明的斗争。因此，他主张必须重视培养学生的这种"勇敢行为"，在这条道路上不允许一个孩子掉队。他把这看作是学校教育中非常重要的一个教育任务。

苏霍姆林斯基曾经讲过这样一个故事：孩子们在一次远足旅行的归途中，向邻村的一位老奶奶要水喝。老奶奶邀请孩子们到果园里去，并拿出苹果和烤土豆款待他们。孩子们吃完食物之后，向老奶奶表示了感谢，然后就出发了。走了半公里多路的时候，孩子们突然想起：刚才在他们坐过的地方，把一些烤土豆的皮丢在地上没有收拾。于是，一场小小的辩论开始了。有的孩子不以为然，认为返回这么远的路就为了拾那些土豆皮很不值得；有的孩子却觉得应当回去收拾干净。在老师的坚决支持下，孩子们决定往回走，只有一个孩子没有动，他说："我要坐在这儿歇一会儿……"但是，当他听到孩子们齐声愤怒地指责他的话时，他想休息一下的念头就打消了。

在这个事例中，苏霍姆林斯基在努力使学生进行一种体验，那就是让孩子们在儿童时代就能够体验到正义的思想取得胜利的心情，感到自己是这种胜利的参与者。这是一种宝贵的体验。不但要努力使孩子理解和感觉到世界上还有些卑劣的、丑恶的东西，而且，不是让年龄尚小的孩子晓得"这种事是卑劣的、丑恶的"就够了，还要让他们因为卑劣的、丑恶的事就在近旁，可是由于自己无能为力使这个世界变得更好，而感到担忧、难受和痛苦。对于卑劣的、丑恶的东西的这种愤慨和厌恶，会渐渐地迁移，成为检查自己的一面镜子，在这个微妙的转变中，使学生渐渐成长为一个真正的人。

遗憾的是，这种教育似乎离我们已经太遥远了，它虽然光彩夺目却似乎太不合时宜。的确，在当下的教育大背景中，大多数教师的智慧都集中在中考、高考的命题研究，绞尽脑汁去想帮助孩子考高分的办法，哪里顾得上关注孩子的心灵，哪里会在意孩子是否有跟邪恶、不道德行为作斗争的勇气呢？在我们很多教师看来，这种教育几乎就是在唱高调，还担心不但不能在学生心中引起共鸣，反而会遭到学生的耻笑。

　　但是，不论这个世界如何变幻，不论人类的价值观发生多么翻天覆地的变化，我们依然得承认，在这个世界上，总有一些东西值得坚守，也必然会有一些东西将永远被人所唾弃。当我们面对生活中的丑恶现象时，以"与我无关"的哲学来为自己开脱，我们也就会失去了在丑恶现象面前的自卫能力。是的，人必须首先具备这种自卫能力。苏霍姆林斯基提醒大家，你越是想躲开这种丑恶现象，就越会遭到这种丑恶现象的进攻。

　　我曾在网上看过一则报道：某所中学发生了一起暴力事件，三名初二的男生一起殴打了同宿舍的另一名男生，致使其深受重伤，由于过度惊吓与刺激，这名被殴打的男生连精神都一度出现了问题。而这一切竟然发生在众目睽睽之下，当时有不少同宿舍楼的同学闻讯跑来目睹了这一切。当教师和家长询问打人的原因时，三名男生的回答令人震惊：原来，同宿舍那名被打男生平时学习非常刻苦，成绩优异，引起了同宿舍中另外三名男生的嫉妒和不满，他们平时经常对那名男生冷嘲热讽，试图挑起事端。那天终于因为一点小事爆发，才出现了集体打人的恶劣行为。看了这则报道，我忍不住在想，为什么这三名男生的行为没有得到及时制止？当他们集体实施暴力的时候，同宿舍楼的同学为什么选择了围观，却没有人站出来制止这种暴行？当时的他们也许心中有愤怒，有不平，但究竟是什么使他们丧失了这种"勇敢地站出来"的勇气？还有，在事情没有发展到这一步的时候，也就是当三名男生一直讽刺挖苦这名男生的时候，为什么这名男生选择了沉默？如果他能及时向教师或家长反映这些问题，是否这样的事情就可能会避免呢？究竟是什么使他放弃了自我保护的能力？

　　这是最可悲的教育缺失！

正是基于这样的洞见，苏霍姆林斯基提出了这样一个建议：

> 因此，为了生活安全起见，就应当永远做一个在道德上进攻的人、一个毫不妥协的人、一个不屈不挠的人。①

是的，即使是为了自己的生活安全起见，也应该做一个在道德上进攻的人，更何况我们的生活中除了有自身安全的要求，还有更多、更高的精神层面的追求。

伟大的俄国文学评论家别林斯基便是一个在道德上进攻的人，一个毫不妥协、不屈不挠的人。他曾经非常欣赏普希金和果戈理的作品，用大量笔墨向人们揭示了他们作品的巨大价值，但当他发现果戈理与普希金竟在后来的作品中颂扬专制制度，暴露了人格的卑污、虚伪和丑恶的一面，别林斯基愤怒地谴责了这种倾向。他对果戈理和普希金发生的态度转变，正是因为在他的内心深处只有真理存在的位置，一旦他看到的一切与他内心深处的真理相悖，他就勇敢地站出来了，而且愤而发起了斗争。正如林贤治先生对别林斯基这场斗争的评价：

> 当他以一种来源于朴素的本性的直观，一眼瞥见了其中的庸俗、虚伪、龌龊、奴性的顺从，瞥见了反现实的倾向，就会立刻掉转头来进行刻毒无情的追击，哪怕它们来自自己所热爱过、盛誉过的作家身上！②

而这，也正是我深爱别林斯基的地方。

在坚守心中的真理与道德信念并为之斗争这一点上，文学评论家别林斯基与教育家苏霍姆林斯基非常一致。这就是灵魂高尚的人们所共同认可的普世价值观，也是我们当今教育中最缺乏的然而又是最重要的东西之一。

---

① 苏霍姆林斯基：《怎样培养真正的人》，蔡汀译，教育科学出版社 1992 年 5 月第 1 版，第 224 页。
② 林贤治：《平民的信使》，《现代教师读本·人文卷》，广西教育出版社 2006 年 7 月第 1 版，第 153 页。

其实，作为教师，对一个最朴实、最基本的道理应该清楚：教育，就是要让人走向光明，而不是堕入混沌；教育，就是要让人向上行走，而不是朝下沦陷。当我们真正明白了这个道理，我们就会赞成并想方设法把学生教育成一个在道德上进攻的人。

沉默的服从是一种悲哀

"执拗性格万岁！"

执拗性格万岁？不错，这正是苏霍姆林斯基想用最鲜明的字体写下的一句话，而且还要把它张贴在教师的休息室里。

苏霍姆林斯基认为，在少年的思想中，癫狂的胆量也好，悲观的情绪也好，都要让它们得以涌现，这要比沉默地服从和自己什么也不吐露好得多。他喜欢那些具有执拗性格的学生，曾经为自己的这一教育信条而深感自豪。这些执拗的学生，他们不是苟同一切和服从一切的听话的柔顺的人，他们执着、刚毅、不安分，有的甚至是老师和家长眼里的调皮鬼和淘气包。但他们并非是盲目地反对一切，他们反对的是恶行和不义，而在真正的善面前，他们那颗执拗的心也会柔软、激荡。

梁实秋先生在回忆自己中学时代的语文老师时，曾经说过这样一件事：老师批评了班上某个同学，梁实秋认为批评得不对，当场站起来与老师辩论。此举对于性格暴躁的老师来说无异于火上浇油。老师勃然大怒，一直把梁实秋批评到下课为止。他让梁实秋领教了他的厉害，却并未冷落梁实秋。这件事以后，他在课堂上经常提问梁实秋，听他发表见解；在梁实秋的作文上大动干戈，认真批阅，没有丝毫马虎，使梁实秋受益匪浅。这为梁实秋以后走上文学创作之路奠定了良好的基础。看得出，老师虽然严厉批评了梁实秋的公开质问，但他实际上非常喜欢梁实秋，喜欢他这种不盲从的性格，才会在学问上更加悉心指导。其实，老师本身便是一个性格执拗的人，他的执拗表现在对学生严格要求的态度上，对学生来说，这是一种真正的善。

可事实上，教师要宽容一个学生的执拗却并非那么容易。我们已经习惯了学生在教师面前要表现得顺从、乖巧、听话，认为这是天经地义的事情。一旦学生有些不从，教师往往会感到尊严受到了侵犯。我曾见一个女教师批评一个初一男孩，当时的场面令我至今难忘。教师把男孩叫到办公室里，批评他没有写完作业，并责令他补上。男孩挺着脖子为自己辩白，说是这两天妈妈病了，要照顾妈妈才没有写作业的。教师反唇相讥：那么以前不写作业都是因为妈妈病了吗？男孩的眼里流出了眼泪，他不再说一句话，转身走了出去。而此时的女教师气得嘴唇都发抖了……事后我跟她聊天，发现这是一个非常认真负责的老师，她对学生要求非常严格，学生上课、写作业都不允许有丝毫马虎。尽管她的教学成绩总是在学校同年级中名列前茅，但她和学生的关系却一直不是那么融洽。她向我诉苦，说班里有好几个与上述顶撞她的男孩一样的孩子，这让她非常挠头。

我注意到她用了"顶撞"这个词，好像看到了那一幕幕"顶撞"的场景。我想，教师为什么不能给孩子一个申诉的机会呢？当孩子面对教师的批评不是选择接受，而是选择"顶撞"，教师为什么不能查找一下这背后的原因呢？也许，孩子的"顶撞"不是因为教师批评错了，他只是不愿听到你批评他的语调，或者不愿看到你批评他时的表情罢了。当然，绝不是说教师不能批评学生，因为一味的放纵就是一种不负责任，但是，我们还必须认识到，当孩子还有跟你辩解的欲望时，这恰恰说明他的内心深处还是向善的，这并不表明他并不真的认为自己做得对。恰恰是另外一种情况让人真正应该担忧，那就是当你批评他时，他选择无表情的沉默，当你要求他时，他选择无条件地服从。这样的孩子，在沉默、服从的外表下，在他的内心深处，思想的激流已经成为一潭死水，他会渐渐地失去思考与分辨的能力，最终他变成了一个逆来顺受的人，听任命运的洪流把他冲刷到任何地方。但这还不是最可怕的结果。在这些孩子中，当生活的磨难渐渐郁结在心头，一旦遇到合适的导线，他就会发生猛烈地爆炸，做出可怕的事情，不仅危害自己，也危害别人。这些人往往是导致社会不安定却又隐藏极深的元素。

对此，鲁迅先生早已有过非常明晰的态度。在《从孩子的照相说起》一文中，他这样写道：

驯良之类并不是恶德。但发展开去，对一切事无不驯良，却决不是美德，也许简直倒是没出息。

不但认为没出息，鲁迅还作了这样的假设：

　　假使有一个孩子，自以为事事都不如人，鞠躬倒退；或者满脸笑容，实际上却总是阴谋暗箭，我实在宁可听到当面骂我"什么东西"的爽快，而且希望他自己是一个东西。

在这样幽默的文字背后，是一种鲜明的教育观：孩子不应逆来顺受，不应毫无原则地"驯良"下去，他必须有自己的判断和态度。而在《我们现在怎样做父亲》一文中，他更认为孩子若完全顺应社会中的不良现象，既是违反了合理的生活，也是倒走了进化的路。

这种态度与苏霍姆林斯基是一致的。苏霍姆林斯基把培养学生对批评所表现出的明晰的态度视为一种高度的教育技巧，他坚决反对要求孩子唯唯诺诺、盲目服从，把这视为一种教育上最大的危险。他认为，教师要为那种"毫无怨言，默不作声，准备接受任何训斥的学生而感到可怕"，他觉得这是对一个人来说最可怕的事。因此，每当他看到那种态度冷淡，准备好耐心地倾听教师的讥刺和训斥而无动于衷的学生时，他的心里就充满了不平和愤慨。

　　教育的明智就在于保护受教育者，不降低他的人格。不应当使他感到自己是听任命运摆布的一粒无能无力的尘埃。……性格执拗和不肯听话，要比唯唯诺诺、盲目服从好一千倍。[①]

作为一个同样具有执拗性格的人，我曾为此吃过不少苦头，虽被以各种形式教训过，但至今不改。这不是自我纵容，也并非固执己见，而是在很多

---

① 苏霍姆林斯基：《和青年校长的谈话》，赵玮等译，《苏霍姆林斯基选集》第4卷，教育科学出版社2001年8月第1版，第705页。

时候只是出于一种维护自尊的需要。因此，当我看到这样的话时，我不可避免地被击中了。

让我们牢牢记住，学生是活生生的、有感情、有尊严的人。对教师来说，学生那种沉默的服从不是一种快慰，而是一种悲哀。

没有旁人在场的个人诚实

　　与一个老师聊天，她告诉我这样一件事：她班里一个学生家长向她诉苦，说孩子在家如何不听话，跟妈妈顶撞，写作业从来不肯多写一个字，而且几乎从来不帮妈妈做任何家务，真正的饭来张口，衣来伸手。这位妈妈是离异后一个人把孩子带大的，可孩子说出的话经常使她伤心，还有一次孩子竟跟妈妈推搡起来。听了这位妈妈的话，教师感到非常惊讶。因为这个孩子不仅学习成绩优异，而且在班里威信很高，还是学校少先大队的宣传委员，除了有点爱表现自己，应该是个很不错的孩子，各科老师也很喜欢他。可为什么他在家与在校的表现竟会如此不同呢？

　　我相信这样的孩子有不少教师都遇见过。面对这样的孩子，我们除了感叹他的"虚伪"，感叹他"在家与在校的表现不一样"，把这样的现象笼统地归结为一个人的道德品质出现了问题，却很少深入去思考出现这种问题的原因究竟是什么。事实上，面对教育中出现的很多问题，我们都缺乏一种深入而有效的思考，因此，我们找不到问题的根源所在，教育思考始终在表面上滑行。在很多情况下，这种滑行只能得一时之利，而不能从根本上解决问题，甚至在有些时候会致使孩子在歧路上越滑越远。

　　其实，对这样的孩子，苏霍姆林斯基早已提出了自己的教育方案。用他的话来说，就是要培养一种没有旁人在场的个人诚实。

　　　如果要培养一种可以称作没有旁人在场的个人诚实，就需要对自己的行动实行感性与理性的统一的监督。①

为了使学生具备这种没有旁人在场的个人诚实，苏霍姆林斯基通过一系列的教育举措来引导孩子学会支配自己的感性和理性。的确，仔细想来，所谓没有旁人在场的个人诚实，就是要求人具有足够强大的理性来支配自己的感性，而在很多情况下，能做到这一点是一种自我挑战。尤其是对于孩子来说，他们的感性与理性尚处于形成与发展阶段，能做到这一点是相当不容易的，这有赖于长期的、深入心灵的教育，以及对孩子各个生长阶段的全面而准确地把握。

在这个过程中，苏霍姆林斯基也一样遇到了困难。他认为要使孩子做到没有旁人在场也能够保持心灵的诚实，就要引导孩子学会面对自己的良心说话。他举的一个例子令我印象极其深刻：苏霍姆林斯基与孩子们一起在农庄的田里收土豆，他让一个懒惰的男孩与他在一起劳动。开始，男孩干得还算认真，所有的土豆都挖起来了，但是后来，孩子有些累了，就变得不耐烦了——他只挖掘了那些最容易挖的土豆，可还有不少土豆被他毫不在乎地遗漏在土里了。苏霍姆林斯基一边挖起那些被遗漏的土豆，一边让孩子仔细倾听有人在说话。孩子凝神听了一下，却什么也没听到。正在疑惑之际，苏霍姆林斯基告诉他，那是自己的良心在说话。人在任何时候都要面对自己的良心，对着自己的良心作出解释。他认为对着自己的良心作出解释要比当着别人的面去解释困难得多。孩子在这样的教育中，开始认识到每个人的行为其实都有一个声音在监督，即使是独自一人的时候，这个声音依然存在，那就是自己的良心。能对着自己的良心作出解释，就是一种自我检验与反思，这样做可以有效地实现自我来自感性与理性两方面的统一监督。说到底，"没有旁人在场的个人诚实"实际上面对的就是自己的良心。

2007年夏天，我在日本东京的迪士尼乐园，与一帮游客一起乘坐了热带雨林探险船。船上的工作人员只有一个日本小伙子，他既是向导又是解

---

① 苏霍姆林斯基：《公民的诞生》，黄之瑞等译，教育科学出版社2002年4月第1版，第74页。

说员。小伙子看上去只二十岁出头，脸上稚气未脱。在迷宫一般的热带雨林里，我们这一帮外国游客与他一起度过了一段难忘的时光。在近一个小时的时间里，他一边掌舵一边给我们讲解——确切地说是表演，因为他的表情是那样丰富、投入，动作十分夸张。他的声音是那样响亮，以至于在隆隆的马达声中，依然令我们听得毫不费力。我虽不懂日语，但从他如此卖力的表演中，我没有感到多少障碍。我们这帮外国游客，全部被他的精彩表演吸引住了，甚至有时竟忘记了观看周围的景点。我们由衷地爱上了他那丰富而夸张的表情和发自内心的欢笑。船靠岸之后，又一帮游客上船了，于是这个兢兢业业的日本小伙子又开始了新一轮的表演。

我不禁感慨万分。我的小心眼促使我忍不住这样想，他原本可以不这么卖力，虽说日本劳动纪律十分严格，但整个航程工作人员只他一人，并没有虎视眈眈的上司在旁边盯着；即使他少说几句，少表演几个环节，或者哪怕声音小一点，动作幅度不要那么大，他都可以节省不少力气——对于游客来说，他要表演什么内容我们事先一无所知；而且他每天对着一波又一波的游客表演同样的内容，还有那始终洋溢在脸上的真诚的笑容，他究竟是靠什么保持这种表演的最佳状态的呢？在日本这样经济高度发达的国家，在东京这样光怪陆离的城市，这个只有二十来岁的日本青年，究竟是一种什么样的教育造就了今天的他？如果要归功于我们常说的日本人对工作的敬业态度，显然我们还可以继续追问下去——又是什么使日本人这样敬业？我想，这正是苏霍姆林斯基所说的，他所受到的教育——不论是学校教育、家庭教育，还是职业教育，一定都教给了他最重要的一点，那就是要保持一种没有旁人在场的个人诚实。

那天晚上，我们住在东京近郊的一家旅馆。东京的夜晚繁星璀璨，空气凉爽而湿润。我久久不能入睡，还在想白天在迪士尼的那一幕。那个给我们留下深刻印象的日本小伙子，他当然不知道，今天他的一场对他来说再寻常不过的表演，令一个中国教师深深地敬佩。

丧钟为谁而鸣

> "每个人都不是与世隔绝的孤岛，每个岛都是大陆的一部分，
> 不必打听丧钟为谁而鸣——无论谁死去，钟声为你而鸣。"

英国诗人多恩道出了人终有一死的命运。关于死亡，是人类最大的一个谜题，正如生命是人类最大的一个谜题一样。我欣赏美国女诗人狄金森关于死亡的诗，她认为死亡就是一个字：归。在狄金森的心里，死亡就是平静地归去，生在现世原本就是"梦里不知身是客"，真是十分泰然。而泰戈尔在诗中是这样谈到死亡的："因为我爱今生，我知道我也一样在爱死亡。"因为人生有了死亡，才更加意识到今生的可贵，生命消逝后将永不再来，因此，生命与死亡一样值得我们心存感激。我更欣赏英国诗人济慈生前为自己的墓碑写下的一句话："这里躺着一个人，他的名字写在水上。"水波动荡，逝者如斯，生命犹如写在水上，无声无息，了无痕迹，有即是无，无曾经有。对于生死，再也没有比这更透彻了。

如果说这些诗人对待生命与死亡更多的是体现了一种态度，那么苏霍姆林斯基更看重的是理解死亡对于人生的价值意义。他认为要让孩子理解这样一个真理：我们来到世上，又会离开人世，而且再也不会回来；人的诞生是世界上最大的欢乐，而人的死亡是世界上最大的痛苦。正因为人终有一天不得不离去，所以才更要珍爱生命，并力求使自己的生命更有价值。因此，他反复强调：

人生下来，并不是为了像无人问津的尘埃那样无影无踪地消

失。人生下来是为了在自己身后留下痕迹——永久的痕迹。①

应该说，苏霍姆林斯基伟大的一生正印证了这句话。人不能像尘埃那样无影无踪地消失，要留下永久的痕迹。这个观点似乎与济慈截然相反。济慈毕竟是诗人，他以诗人的心灵表白的是一种对待生与死的无欲无求的态度，似乎生命与死亡都没有意义，甚至不必去思索其意义，由它来过，再由它消失便是；而苏霍姆林斯基毕竟是教育家，他是从一个更为积极的角度去理解死亡与生命的价值，他更看重的是活着的价值，而之所以要讨论死亡完全是因为死亡不能避免，正由于不能避免才更应该珍惜生命，让有限的生命拥有最大的价值。说来说去，他更看重的还是人应该怎么活。

人应该怎么活？怎样才算是留下了"永久的痕迹"？苏霍姆林斯基讲述了一个民间故事：做父亲的游手好闲，不学无术，天天玩乐。聪慧的儿子询问父亲很多问题，父亲都不能回答，羞愧难当，沉默不语。后来，父亲变成了谎花草，从春到秋，只开花，不结果。我相信这个"谎花草"的故事是苏霍姆林斯基自己编写的众多的教育故事之一，他试图用这样一个教谕十分鲜明的故事说明自己对待生命的信仰：人要想获得别人的尊重与爱戴，就必须去追求能在地球上留下鲜明的痕迹。

也许有些教师觉得苏霍姆林斯基对生命价值的理解过于高蹈、宏大，不能要求每个人都在地球上留下痕迹。其实，这是一种对生命意义的求索，因为是求索，它就是一种理想，人活着毕竟要有个目标才是。苏霍姆林斯基正是用这样的话语方式告诉我们每个人活着都要有追求的目标和理想。一个教育者，怀着无限慈爱、悲悯的心肠，教导孩子在有限的生命内，要向上、向善，要做一点有意义的事，在这个世界上留下属于自我的痕迹。在他的生命信念中，人应该使自己永远留在人间，这不仅仅是指传宗接代，这正是每个人的幸福所在。归根结底，生活的最大幸福和意义就在于使自己永远留在人间。这当然不是指生命的肉体本身，而是人的精神价值。

---

① 苏霍姆林斯基:《怎样培养真正的人》，蔡汀译，教育科学出版社 1992 年 5 月第 1 版，第 75 页。

我是多么向往这样的场景——

在一个阴暗的日子，苏霍姆林斯基和孩子们一起到小树林去，每个人都用接骨木做了一支笛子。孩子们围坐在苏霍姆林斯基身旁，听他吹奏关于快乐牧童的乌克兰民歌。每一个孩子的眼睛里都闪着欢乐的光彩。后来，小女孩季娜也吹起来了，小男孩柯斯佳、谢廖沙也吹起来了。在音乐声中，孩子们尽情地抒发着对生命的热爱，对大自然的赞美。

在宁静的夏夜，苏霍姆林斯基和孩子们一起坐在高高的草垛上，听到从原野上、从不久前收割过小麦的田地的上空，传来不知名的鸟儿嘹亮而悦耳的啼鸣。孩子们凝神静听，思绪仿佛飞向了最遥远的星空。孩子们说，那是一个戴着麦穗花环的小男孩在歌唱……

是的，大自然、生命的美是永恒的，而在这永恒的生命中，人只不过生活了短短的一段时间。这不是悲哀，世间万物，生生死死，死死生生，方使这个世界不断更新，短暂成为永恒，永恒相依短暂，互相求证，互为补充。而人作为其中的一分子，承受着终有一死的命运是一件最自然不过的事。

我常常想起一个坐在运河边的老妇人。那是 2008 年的一个明媚的春日，我在运河边散步。老妇人坐在旧藤椅上，周围是盛开的几树樱花与桃花，一个装满茶水的玻璃杯就在脚下。正如大多数南方老人，这个老妇人的身体极瘦弱单薄，还穿着棉衣，裹着绑腿。她看上去有八十多岁了，满面皱纹，白发稀疏，眼神宁静，一直望着眼前来来往往的船只。我从她的眼前走过去，她对我视而不见，就那么静静地望着，似乎什么都没想，又似乎想得太久太远了。我猜想是她的家人把她从房间里挪出来安置在这里，让她晒晒中午的太阳，看看这明媚的春光。毕竟，一个风烛残年的老人，能熬过刚刚过去的严冬，一个下过那么一场大雪的严冬，是一件值得庆幸的事。现在，春天已经来了，可她已经那样苍老！绚丽与颓败，生命与死亡，短暂与永恒，时光的交替，生命的流逝，就像这脚下的千年运河，不曾停息，亘古不变。那一刻，我就在想，等我像她一样老，我一定也要选择这么一个好去处，好时光，也要一把舒适的旧藤椅，让自己静静地坐着，把这一生所有的爱都想一遍，把所有亲人的面容都记住，然后安然地睡过去，沉入死亡。

奥维德却说："但愿我死时还在工作。"蒙田也说，希望死亡降临时，他正在菜园里劳作。蒙田对死毫不在乎，对他未竟的园子更不在乎，因为他觉得他死后带不走任何东西。因此，他嘲笑那个临死前还在抱怨没有完成手头工作的传记作家。一方面要尽可能地发挥生命的作用，另一方面却对生命是否留下痕迹毫不在乎，这样看来，蒙田更在乎自我，而苏霍姆林斯基在对待死亡这样的"最大的不幸"上，他依然坚守着自己作为教育者的责任，那就是教导孩子永远向善、向上，生者决不可有任何的懈怠与颓丧。

其实，奥维德和蒙田主张的"至死还在劳作"，在生的本质上、过程上与苏霍姆林斯基并没有多大区别。只是一个更加洒脱，另一个则让人钦敬。泰戈尔则说：

> 我一切的秋日和夏夜的丰美的收获，我匆促的生命中的一切获得和收藏，在我临终，死神来扣我的门的时候，我都要摆在他的面前。①

而我呢，还在劳作中求解着关于生命与死亡的答案，也不知道生命中究竟会有哪些"获得和收藏"。至于那个坐在鲜花丛中死亡的梦想，也和我是否会留下痕迹一样，是一个我自己无法揭开的谜。

但这个谜终有一天会揭开。我只是感到一点遗憾——制造这个谜的人，却永远不可能知道谜底。

①［印度］泰戈尔：《泰戈尔诗选》，冰心等译，人民文学出版社2002年第1版，第162页。

我们尊敬的不是白发本身

我们尊敬的并不是白发本身，而是白发本身以外的东西，所以老年人应受到普遍的尊重和敬慕。①

苏霍姆林斯基十分注重引导孩子尊敬老人。他强调对老人尊重不是因为他们已经年迈，而是因为老人身上特有的那些东西，即只有老人才可能具有的生活体验与阅历，在精神上汇聚的财富，更有难得的人生智慧。他在著名的"十不准"中，对孩子应该如何尊重老人作了极其细致的规定，包括不准与老人发生争吵，不准嘲笑老人，不准在老人坐下之前就自己先吃饭，等等。他认为老人是有权利享受这种尊重的。

我想起了我的老姥姥，她其实是我姥姥的母亲，活了102岁，是家乡有名的老寿星。她一生平和、善良，靠给人相面、算卦、针灸过活，方圆几十里没有不知道她的。围绕着她有不少传奇般的故事。据说，老姥姥年轻时学过针灸，技术十分高明，几乎是针到病除；给人相面、算卦也极其灵验，心地又极善良，治病、占卜常不收费，于是，逐渐在当地有了些名气。最玄的是据说她能预知人的生死。老姥姥的神奇连同她的善良、高寿一齐在远近十几个村子里流传开来。

虽然我很怀疑这些传说的真实性，但老姥姥的高寿和她鹤发童颜的外貌却是亲眼见了的。事实上我只见过她一次。那年母亲带着我去看她的时候，她已经九十多岁了，稀疏的白发，满眼和善。她慈爱的目光宁静地看着我，

---

① 苏霍姆林斯基:《怎样培养真正的人》，蔡汀译，教育科学出版社1992年5月第1版，第84页。

一种阳光一样温暖、明澈的感觉流过我的全身。我一下子爱上了她！

　　母亲告诉我，人人都爱她的。在附近这几个村子里，不论是她走到哪一家，都会受到热情款待。孩子们喜欢围着她嬉笑玩耍，喜欢被她抱抱；妇女们会让她把衣服脱下来替她洗，会做可口的饭菜请她吃，临走还要让她捎上几个新鲜的水果带回家。在她百岁前后的日子里，老姥姥几乎以家家为家，人人喜爱这位老人，都想为她尽点心意。她是在午睡中悄然死去的。在这之前，她饮食、活动都正常，没有任何征兆。家人发现时，她衣着整齐、清洁，静静地躺在床上，没有丝毫痛苦和挣扎，手上还有一丝温热，但已停止了呼吸。

　　老姥姥死后，她使用过的东西遭到了村民的"哄抢"——家乡有个风俗，凡长寿老人使用过的东西都是非常吉利的，放到家里可以带来福气和幸运。于是，老姥姥用过的杯子、筷子、碗，坐过的藤椅，摇过的蒲扇，都成了争抢的对象，抢到的欢天喜地，没抢到的懊丧不已……

　　多年之后，听着母亲讲述这些往事，泪水悄悄地涌上了我的眼眶。生命中那些温馨的、幸福的怀念，都在一个已经去世多年的百岁老人的身上，没有悲伤，只有对生命深切的敬畏与由衷的感恩。

　　我想，人们对老姥姥的爱、尊重与敬慕，其实不仅仅在于她是长寿的百岁老人，还在于她身上体现出的一个老人传奇般的智慧与阅历，还有那慈悲、平和与善良的心地，这也许就是苏霍姆林斯基所说的"白发以外的东西"。在一个缺医少药、贫弱、蒙昧的年代，人们从这个老人那里获得了精神上、生理上的双重帮助。在她的身上，散发着一种光辉，一种智者身上才有的光辉，也是历经了人世风雨，看惯了悲欢离合之后的老人淡定、宁静的光辉。在今天的我看来，老姥姥实际上是把古老的中医针灸与占卜之术结合起来，这就使她身上既有科学的实用的一面，同时又有了浓重的神秘色彩。在她百岁前后，随着她的高寿，她在乡亲们的眼里，就成了智慧与神秘、慈悲与善良、吉祥与幸运的化身。

　　我可爱的老姥姥啊！

　　后来，从苏霍姆林斯基的介绍中，我们知道他的祖母也是一位长寿老人，活了107岁。老祖母的善良与智慧给苏霍姆林斯基带来了极其深刻的影响。她给苏霍姆林斯基讲故事，在故事中告诉他做人的道理，在故事中培育了他一颗同样善良而智慧的伟大心灵。也许祖母在讲述这故事的时候，并没有想到她的苏霍姆林斯基将会在整个世界教育史上写下自己闪光的名字，但这就是播种，是道德、智慧、经验，以及认识世界和人的春风化雨式的播种。

我总是喜欢看一些老人的脸，尤其是近几年，我的这个"兴趣"有增无减。在我眼中，那布满皱纹的脸，那不再清澈的眼神，是另外一种美。在拥挤的公交车上，在西湖边的长凳上，在飘着浓郁芳香的桂花树下，我都能看到不少这样的老人。他们有的在散步，有的刚刚买菜回来，有的坐在长凳上休息。看到这些老人，我的心总是在不经意间变得异常平和，匆促的脚步也不由得放慢了一些。在我看来，有些老人的美令人惊叹。

还记得一个冬天的午后，我在运河边散步，看到一位老人坐在运河边的长椅上，一边看着来往的船只，一边慢慢地吃着一个苹果。他的眉毛和胡子都已经斑白了，戴着助听器，估计有八十多岁的样子。他穿着洁净的藏青色的中山装坐在那里，一件深灰色的外套随意地搭在椅背上，眼神宁静，神态悠闲，似乎在想什么，又似乎什么都没有想，手中的一个苹果已经吃了大半……我渐渐有点看得呆了——这位老人多美啊，一种历经了人世风雨，饱经了人世沧桑后的超然、闲适与淡定，又隐隐地透出一份深邃与智慧，这就是美，秋叶即将飘落的那种静美。

我有时幻想着将来总有那么一天，我的皮肤将不再光洁，乌黑的头发将染遍白霜，我的脚步也不再轻快，但我将平静地看着这一切慢慢发生。因为我知道，世界上没有人能够阻止万物本身应该承受的命运，就像花开花谢，一切的发生都自有密码；我更知道，这个过程是一笔巨大的财富，当我满头白发的时候，就是我最富足的时候。

爱情是一扇明净的窗户

"对爱情的渴望，对知识的追求，对人类苦难不可遏制的同情心，这三种纯洁但无比强烈的激情支配着我的一生。"这是大哲学家罗素在 95 岁的高龄写下的一句话。只因为这句话，因为他把爱情与知识、同情放在一起，甚至置于首位，我以为他就远远超越了其他那些伟大的人物。

我并不是一个纯粹的爱情至上者，我只是恰如罗素自己所说，我欣赏的是这种纯洁而无比强烈的激情——毕竟，在当下我们生活的这个世界，纯洁而强烈的爱情已经逐渐成为一种稀缺资源。在罗素这里，在爱情的结合中，他看到的是圣徒和诗人所想象的天堂景象的神秘缩影，它对于人生实在过于美好，似乎作为人还不配拥有它。

在苏霍姆林斯基那里，爱情的概念更为形象，也更丰富。在他给女儿的信中，他这样描述上帝眼中的爱情：

> 这一对男女时而望望天空，时而又彼此看看，就在这一瞬间，他俩的眼神相碰在一起，上帝在他们身上发现了一种不可思议的美和一种从未见过的力量。这种美远远超过蓝天和太阳、土地和长满小麦的田野。总之，比上帝所制作和创造的一切都美，这种美使上帝颤抖、惊异，以致惊呆了。[①]

这种不可思议的美和从未见过的力量，就是爱情。这种美和力量连上帝都会为之颤抖、惊异乃至惊呆，也实在是因为过于美好之故。

[①] 苏霍姆林斯基：《爱情的教育》，世敏等译，教育科学出版社 2001 年 4 月第 2 版，第 165 页。

我一向不喜欢文字中的说教，但我相信一个父亲对女儿的叮咛。这是一种足以令我信任的真诚，使我再一次思考爱情这个永恒的命题，也是人类最神秘、最美好的命题。它的美好就在于我们永远无法给出直接的、准确的答案，以致如苏霍姆林斯基这样的人也只能以"不可思议""从未见过"等本身含义模糊的词语来形容它。的确，苏霍姆林斯基似乎也总是喜欢以这样的比方来谈论爱情：

> 男女少年之间的恋爱，形象地说，就好比一扇明净的窗户，通过这扇窗户，一个正在走向生活的人看到了他周围世界中最重要的东西——人。[①]

正在恋爱的男女少年，他们彼此开始了解对方，关注对方，并在这种最隐秘的情感交流中开始树立责任感，并开始思考，如何才能给对方带来快乐，如何才能最大程度地完善自己，使自己不仅能够欣赏对方的美，而且也在这个过程中使自己趋于完美。真正的爱情应该具有这种引导人向上、向着光明的力量。而在这个过程中，女性起着主宰者的作用。这也是苏霍姆林斯基一再强调的一个观点。他甚至认为，女性应该成为一个青年、男子、未来丈夫、父亲的教育者。而男人呢，应该意识到女人的艰难，男人有责任帮助女人减少这种艰难，这并不是说女性是弱者，而是女人天然地比男人要艰难得多。

作为女性，当我读到这样的文字总令我产生强烈的温暖与认同感。其实，不仅是苏霍姆林斯基，歌德也曾经热烈歌颂过女性，"女性引导我们向上"，在实质上与苏霍姆林斯基几乎是一致的。

在苏霍姆林斯基的爱情教育体系中，他是把爱情与婚姻、家庭完全联系在一起的。爱情的最终结果是婚姻、家庭，是由彼此忠诚、彼此精神生活相一致的丈夫和妻子以及他们的孩子来共同体现。苏霍姆林斯基的妻子、帕夫雷什中学的教师安娜·伊万诺夫娜·苏霍姆林斯卡娅在女孩们进入性成熟期

---

① 苏霍姆林斯基：《公民的诞生》，黄之瑞等译，教育科学出版社 2002 年 4 月第 1 版，第 263 页。

的时候，总要与她们开始一番谈话，使女孩们认识到自己在爱情、家庭中的崇高使命，每一个女孩都最终认可这样的思想：我应该比男人——我孩子的父亲高明 100 倍，因为大自然赋予女性的责任要比赋予他的重大得多。

我们从苏霍姆林斯基给女儿与儿子的信中，也能明确地看到这样的爱情教育观点。有意思的是，他把那些虽然受过教育却在精神上屈从丈夫、没有尊严的女性称为"有教养的、有丰富知识的奴隶"，认为女人的心将会成为人世间精神奴隶制的最后栖息地。看到这样的观点，我已经不把他当成一个教育家来看待——透过这种鲜明的、近乎充满愤怒的态度，我看到一个真正的男性无比高贵的内心世界。在我的眼中，这样的苏霍姆林斯基，远比一个教育家更值得我崇敬。

那么，不论是男孩还是女孩，培养他们的责任感、自尊感，追求彼此在精神生活中的一致，是苏霍姆林斯基爱情教育体系的核心所在。

当我不是站在一个教师的角度去看待苏霍姆林斯基，也就是说当我不把他当成一个教育家，而是把他当成一个男人的时候，我就很想知道他本人的爱情是怎样的。我终于看到了这样的文字：

> 我和你母亲结婚快 25 年了……每当我们分手几天而又相见时，我总是兴奋得不能平静，我在她这个唯一为我所爱的妇女身上又发现了什么从未见过的新的东西。她的双眼似乎不断地射出新的美。①

这就是苏霍姆林斯基的爱情。这是他在写给儿子的信中，谈起恋人之间的精神交往这个问题时写下的一段话。读这样的文字使我从内心深处感到温暖。一个女人，在她结婚 25 年之后，她的丈夫依然能够从她身上不断地发现新的美，她的爱情每天都是新的，在这样的爱情里她永远年轻。而能够如此骄傲地宣布这爱情的人，面对的是自己的儿子，一个父亲用如此充满深情

---

① 苏霍姆林斯基：《给儿子的信》，张天思等译，《苏霍姆林斯基选集》第 3 卷，教育科学出版社 2001 年 8 月第 1 版，第 901 页。

的文字，以父母之间无比纯洁、忠贞的爱情来引导儿子怎样对待爱情，我相信再也没有任何其他的爱情教育更能触动儿子的心灵。

苏霍姆林斯基极其重视对孩子的爱情教育，爱情教育是他宏大的教育体系中非常重要的一个方面。其实，只要我们认识到我们从事的是人的教育，我们唯一的教育目标是人的幸福与和谐，那么，我们就不能回避这个话题。苏霍姆林斯基强调爱情是一扇明净的窗户，透过这扇窗户，人们看到了自己周围世界中最重要的东西——人，强调青年男女之间的爱情首先是一种精神交往，是彼此具有巨大的、神圣的道德责任与义务的人。因此，他坚决反对青年人在情欲上放纵自己，坚决要求青年人杜绝婚前性行为，认为凡是追求刺激和肉体欢乐的爱情，为排除寂寞而去寻找的爱情，都是道德败坏。从苏霍姆林斯基给女儿和儿子的许多封信中，我们可以看到他的这些基本观点。我以为，抛却苏霍姆林斯基作为一个教育家的角度，我们从他作为一个父亲的角度去看待这些观点，都应该相信这其中蕴含着足够巨大的真诚与信念。

我当然相信爱情首先是一种精神交往。毕竟，人不同于动物。因此，当我看到苏霍姆林斯基对儿子谈起自己的爱情的时候，我不能不感动。他强调，恋人之间精神交往的最大乐趣就在于彼此之间在智力和精神上的互相充实，不断发现对方新的美好的道德品质，并互相吸收这一切美好的东西。因此，他可以用充满自豪的、深情的语气来谈论自己的爱情，谈论自己与妻子几十年的相守与彼此的忠诚，谈论他们从对方身上不断发现的新的美。在苏霍姆林斯基看来，爱情就是这样一种精神上的美好交往，她是神圣的、高尚的，不容有一丝一毫的亵渎，也不容以任何庸俗化的眼光来看待。他反对在共青团，甚至在少先队的会议上人们常常用谈论一般工作的口吻来谈论爱情和友谊，就像在谈论收集废钢铁一样去谈论这种美好、神圣的感情，因为这样做会使少年之间的精神心理关系和道德审美关系变得粗俗不堪，使纯洁和崇高的感情庸俗化。

我常听一些教师忧心忡忡地谈到学生中的早恋问题，在很多时候，我们的处理都过于简单与粗暴。爱情的最初萌芽是男女少年之间彼此认识、理解的开始，是最脆弱、最敏感、最隐秘的情感。苏霍姆林斯基主张不要公开谈论谁爱上谁的问题，应该小心翼翼地去引导他们认识到爱情是无比珍贵、高尚的东西，爱情就意味着责任、尊严，意味着高尚的精神生活和共同的生活目的。爱，不仅仅是充满激情地欣赏，这是创造美的一种享受，是为你所爱的人永无止境地创造美。女性是爱情的主宰和主人，男性在爱情中的责任则是创造快乐的气氛。

是的，让每一个女孩不做精神上的奴隶，让每一个男孩感到自己有责任为女性创造快乐，这就是爱情教育中最核心的部分。

纪伯伦说："爱是一个光明的字，由光明的手写在光明的纸上。"显然，以光明的手在光明的纸上写下光明的爱的人，他的内心也必然是光明的。谁又能拒绝光明呢？在寻找光明的路途中，如果我们足够幸运，我们就能够在彼此的身上寻到暂时从孤独中解脱的那种不可思议的美和从未见过的力量。尽管从本质上说，我们最终都无法逃脱那种自我之孤独。想起了美国女权运动领袖斯坦顿的话：

> 男人的爱心与同情心只能给我们的生活锦上添花。联结无限时空的是神圣的自我之孤独，每个灵魂永远生活在孤独之中……[1]

这确实足够清醒。但我是女性，却不"女权主义"——正因为每个灵魂都注定生活在孤独之中，才更应该去寻找爱情，寻找彼此的爱与同情之心，只有这样，人生才充满希望。而这，与自身是男性还是女性无关。

那么，我还是愿意站在那扇明净的窗户前面，只有透过这扇窗户，我才能看到人生中最宝贵的东西，看到那种最不可思议的美和从未见过的力量。

---

[1] ［美］斯坦顿：《自我之孤独》，《人文大学读本·人与自我》，广西师范大学出版社 2002 年 7 月第 1 版，第 232 页。

把美好的东西看作应该的

现在的孩子难教，这几乎是每一位教师内心深处最真切的慨叹。在这种慨叹的背后，是无数的辛劳与汗水，是郁郁的苦恼与迷茫。

于是，教师就要寻找一些解决的办法。我认识一个青年教师，她做班主任，同时教小学三年级一个班的语文课。一个学期下来，她开始向我倾诉她的苦恼：这个班难以管教的孩子的确特别多！她采取了各种措施，但几乎都难以真正奏效。有的措施刚刚实行时还有些效果，但到后来就不那么显著了；有的学生则是当着她的面是一套，背后又是一套，她没想到这些孩子小小年纪竟然学会了这些，感到非常惊讶。对这样的孩子，她除了批评一顿，简直是毫无办法。

我问她都采取了哪些措施，她给我列举了几例：为了鼓励学生按时完成作业，她在班里宣布了一条规定：若连续五次按时完成作业，将获得一朵小红花（小红花将贴在教室墙上每个同学的名字下面）；凡是那些放学后能够留下来做值日的学生，将在期末评选优秀学生时作为一项重要指标，而没有留下做值日的学生，将丧失评选优秀学生以及担任班干部的资格……

应该说，这些措施完全是出于一种良好的意愿，希望孩子能够在激励中朝着一种美好的目标前进。但问题恰恰就出在这里。这使我想起了我在上小学时，老师也有类似的一些教育措施，虽然已经过去很多年了，但现在我还能记得非常清楚，我的老师的那些措施几乎与这位青年教师如出一辙，而且其效果似乎也跟这位青年教师所述一样，并不见得多么显著。当时，我们那个班是学校出了名的纪律涣散，打架、逃学现象时有发生，不写作业、不做值日更是家常便饭。当时我是班长，班主任老师就给我布置了一个任务：建立一本班级"好人好事记录簿"，把班里涌现的好人好事全部记录下来，每周班会时加以表扬。我当时都记录了些什么内容呢？那时的我是个乖女孩，每天都会非常诚实地发愁：首先，班里并不见得每天都会涌现出好人好事；而且哪些才算是好人好事呢？捡起一片纸屑算不算？不是值日生，帮同学擦一次黑板算不算？帮同学解决一个难题算不算？拿不定主意就去问老师，老师正忙着，没顾得上给我明确答案，只表示让我先记下来再说。现在想来可能连老师也没想清楚到底哪些算是好人好事。于是，那些日子我特别繁忙，因为一下课就会有七八个同学围住我，让我登记他们做的好事。我不敢懈怠，一一详细记录在案。那一阵班里确实出现了不一样的面貌，不但不按时写完作业的小懒汉有了良好表现，连那些爱打架的男生也有所收敛。大家都急切地盼望着班会召开，好得到老师的表扬。我是那么兢兢业业，不出一周的工夫，一本厚厚的"记录簿"已被我密密麻麻写满。召开班会之前，老师翻开记录簿看了看，不由得吃了一惊。可令我没想到的是，他在班会上却将全班同学的美好表现一语带过——因为他也不知道究竟该表扬谁，几乎每个同学都做了"好事"，都成了"好人"。全班同学当然大失所望，从此班级恢复原状。几天之后，挂在墙上的"好人好事记录簿"不翼而飞，我彻底解放了。

现在想想，假如老师当时兑现诺言，在班会上大张旗鼓表扬一番，孩子们会不会一直将这种几乎亢奋的状态坚持下去呢？答案是否定的。首先，即便是教师，也不可能每天保持这种大张旗鼓表扬的亢奋状态；对孩子来说，当每个人都得到了表扬，而且因为不打架也会得到表扬，面对这样的表扬，最后孩子们会渐渐变得麻木，而表扬也就会变得一文不值。

我想，我的小学老师和本文开头提到的那位青年教师一样，都犯了一个错误：那就是把不该受到表扬的行为看成了高尚，把美好的东西看成了额外的慷慨。对此，苏霍姆林斯基早已经有了非常深刻的洞见：

把美好的东西看作应该的，这是道德教育中一条最富有哲理的原则。夸奖、抚爱非常必要，但必须非常恰当地去运用。①

是的，把美好的东西看作是应该的，并不是值得夸耀的对象。苏霍姆林斯基认为，对于做了好事就大肆宣扬，把这种事当作不寻常、非常特殊的事来声张，作为一个真正的人，他应该感到不舒畅，而不应该沾沾自喜。

对于孩子来说，不和同学打架是应该的，按时写完作业也是应该的，不随地乱扔果皮纸屑也是应该的。这些都不应该成为教师要大肆表扬的行为。其实，表扬、奖励与惩罚、批评一样，需要慎重使用。这并不是说不要对孩子进行激励，而是要使孩子明白不应该为了得到表扬和奖励才去做自己应该做的事，更不是把自己应该做的事当成一种满足虚荣心的手段。否则，表扬就成了滋生虚伪与欺骗的温床。如果只有表扬才能够给孩子带来欢乐，那就潜伏着这种危险。

苏霍姆林斯基举过的一个事例就充分说明了这一点，而且这件事可能有不少老师碰到过：一年级学生斯捷潘科拾到 20 戈比，把钱交给了老师。学校广播里表扬了他，学校墙报上也出现了他的照片。一时间，斯捷潘科成了学校的"名人"。过了一天，斯捷潘科的同班同学谢缅科拾到了 30 戈比，也交给了老师。可教师很快便发现，并没有人真的丢了钱。当她询问谢缅科时，这个孩子羞愧地低下了头。

这个事例足以说明，不适当的夸奖不但不能激励孩子，反而助长了孩子的虚荣，使他为了满足自己的虚荣而变得不惜代价。他没有把美好的东西看作是应该去维护后，却在内心深处埋下了虚伪与虚荣的种子。

"汶川大地震"发生后，各界踊跃捐款，包括幼儿园的小朋友也把储蓄罐拿出来了。在参与、感动之余，我注意到人们在对每个人的捐款数目进行比较，尤其是对一些名人更是如此。我知道，对某些在捐款中表现慷慨的人来说，他们可以在媒体上豪掷十万、百万、上千万，但面对那些在马路边乞讨的残疾人，他们却是不肯掏出一个硬币的。我不是灾民，我还是要感谢他

---

① 苏霍姆林斯基：《怎样培养真正的人》，蔡汀译，教育科学出版社 1992 年 5 月第 1 版，第 218 页。

们的捐款，尽管我非常不赞成慷慨是以这样大张旗鼓的方式来表现。

我非常认可苏霍姆林斯基的这段话：

> 多年的教育经验使我确信，慷慨与无私无论以什么方式来表现，都不应当去奖赏。慷慨不应当作为某种特殊的东西来理解和体验。但愿有更多不留名的人去表现慷慨的品格。愿人们由于人的无私而感受到一种喜悦，然而不一定让他们知道是谁给他们带来的欢乐。①

我当然知道在当下这几乎是一种理想。但唯其如此，才能够显示出教育的价值和意义。

---

① 苏霍姆林斯基:《怎样培养真正的人》，蔡汀译，教育科学出版社1992年5月第1版，第213页。

每个人永远都是孩子

　　一棵有求必应的苹果树，倾其所有，一个贪求无厌的孩子，索取殆尽。孩子坐在苹果树上荡秋千，捉迷藏，采集树叶给自己做王冠，把苹果采摘下来去换钱，把树枝砍下来去盖房子，又拿树干去做一条小船，因为他要驶向远方。大树很快乐，不管孩子提出什么样的要求，大树始终很快乐。她就这样快乐地让孩子把她的树干砍下来，做了一条船……后来，孩子老了，他又回到了老树墩身边。老树墩很快乐。他累了，老树墩就挺直了身子让他坐在上面歇息。老树墩很快乐。

　　这个故事，温馨、伤感，在施与受之间，在爱与被爱之间，是每一个人都无法回避的人生寓言，让每一个人似乎终于明白，每一个人都是妈妈的孩子。

　　这是读美国人谢尔·希尔弗斯坦的《爱心树》的感受。

　　其实，不论是哪个民族，不论是多么伟大抑或卑微的人物，也不论这个人长到多大的年纪，他都是妈妈的孩子。纪伯伦在《沙与沫》中有过这样的提问："犹大之母对她儿子的爱难道不如玛丽亚对耶稣的爱？"确实，妈妈给予每一个孩子的爱在实质上几乎没有什么不同。但是对每一个孩子来说，要真正明白这个道理，往往要等到最后，等到已经来不及的时候。

　　苏霍姆林斯基十分重视教育孩子要爱自己的父母。培养孩子对父母，尤其是对母亲的爱与责任感，教会孩子感受母亲的爱，并回报母亲的爱，是苏霍姆林斯基博大的教育体系中非常重要的一部分。他这样告诉孩子：

　　　　要记住，你就是你父母生活的意义、生活的目的、生活的酸甜苦辣。在无限的爱你之中，他们有时竟会忘记有那么一天，为了给你们带来物质的（感觉到的和具体的）生活欢乐而将自己的全身精力耗尽，而他们所余之力只会去爱你了。①

在我看来，苏霍姆林斯基的这一番话，恐怕是对《爱心树》的最好的诠释了。的确，如果父母还有余力，那也是用来爱你的。即使已经耗尽了最后的力气，父母的爱还在。

想起了"汶川大地震"发生时最撼人心魄的一幕：一个母亲扑在瓦砾堆中，用自己的身体做屏障，为她只有几个月大的孩子营造了一片安全的天地。被发现时，母亲已经死了，而她怀里的婴儿还在甜甜地睡梦中……

而我们，听了这个故事的每一个人，在泪水中不断地追问自己：我们究竟应该做些什么，才能够报答母亲的爱？

也许，我们的生活中平平淡淡的日子太多，我们自然也不希望生活总会有这样惊心动魄的考验我们的时刻。但唯其如此，我们能够做的事情才会更多。这当然不仅指每年的母亲节给妈妈送一束花。苏霍姆林斯基让孩子们种下葡萄和苹果树，种下玫瑰和蔷薇，把采摘下来的第一批果实和最美丽的鲜花给母亲送去；他让孩子们把亲手种植的小麦磨成面粉，做成面包，请自己的母亲品尝。对母亲的爱，就在这样的劳动中，在这样的天长日久的付出中。所有这一切，都是要使孩子们明白，每一个孩子都是妈妈的孩子，每一个妈妈都深深地爱孩子，每一个孩子都有责任回报这份爱。享受妈妈的爱不再是理所当然，孩子们更应该意识到自己对妈妈的责任感。每一个孩子都应该竭力使妈妈快乐，为妈妈分担忧愁，保护她的健康，使她感到幸福。

可是，在我们当下的生活中，没有这份责任感的人太多了。在很多时候，我们甚至忘记了自己的母亲。每个人都在忙碌，都在为了生存、升迁、名誉、爱情而奔波，为了这些东西而欢乐，又为了这些东西而烦恼，而失魂落魄。我们似乎没有更多的时间去想念，想念这个世界上最珍贵的东西。想

① 苏霍姆林斯基：《怎样培养真正的人》，蔡汀译，教育科学出版社 1992 年 5 月第 1 版，第 79 页。

念一些东西，想念一个人，渐渐成了一种奢侈。但是，不论我们作出怎样的改变，我依然坚信，在人的内心深处，总有些东西令我们无比珍视，比如母爱，比如爱情。

母爱与爱情作为两个永恒的主题，总令人牵念，让文人墨客永远爱写又永远写不完。有趣的是，有人曾经拿爱情与母爱作对比。许多男人都曾经被严肃地拷问过这样的问题：若妻子与母亲同时落水，你先救哪个？其实，这是把爱情与母子亲情放在了不可调和的对立面来逼迫人们进行考量，然后作出选择，而不仅仅是针对男人的考验。这个问题是如此难以抉择，因此从不见聪明的男人正面作出回答，反而希望妻子是个游泳高手。其实很多像我一样的女人心里都非常清楚，只要自己不是那个落水的妻子，这个问题在很多情况下几乎是不言自明的。我不是不相信爱情——读完艾米的小说《山楂树之恋》，读了老三和静秋的故事，我就进一步确信有真正的爱存在，只是我不相信所有的男人都像老三，我更不止一次地看到爱情在某些条件下会发生变质，这就使我们在坚信爱情的同时总是怀有一种紧迫的担忧；而母亲的爱就不需要保鲜，也不需要考验，不会有任何附加条件，她是一种毋庸置疑的、恒久的绵延与流淌。

一个人拥有这样的爱，能够感受到这份爱，是我们作为人的幸运。上苍是如此公平，他让我们每一个人都拥有这份爱，而失去了这份爱的人，只会更加明白这份爱的宝贵。因此，在苏霍姆林斯基的教育体系中，让学生体会这份爱，回报这份爱，始终是一个重要的教育信念。他认为，爱护母亲，就是意味着关心生育你的源泉的纯洁，你从出生的那一天起就吮吸着这口源泉。你作为一个人而存在，只是因为你要永远作为母亲的孩子。他曾列举过九种不体面的现象，把不尊重妇女、不感谢母亲作为其中的一种，还把一个孩子对待母亲的态度作为考查一个人道德品质的重要依据之一。

是的，应该让每一个孩子都能认识到，不爱自己的母亲是不体面的。爱自己的母亲，是人之所以成为人的标志。

想起了我的姥姥。她去世时90岁，而当时也已经步入老年的妈妈尽心尽力照顾了她，直到最后一刻。而姥姥的母亲去世时是102岁，她是在睡眠中悄然死亡的，真正的善始善终。按照医学上长寿遗传的规律，我的母亲也应该至少活到 90 岁才是。按照这样的预测，妈妈至少还可以再活近二十年。但是，2014 年春夏之交，经历了漫长的病痛折磨，在昏迷了近一个月之后，妈妈走了，她没有活到 90 岁。我终于看清了自己的真面目：与其说是我希望她长寿，其实这更是我内心深处极端自私的想法——如果有一天妈妈不在了，我就变成了孤儿。

一个人变成了孤儿是一种怎样的感受呢？多年前读张洁的《世界上最疼我的那个人去了》，那时我还很年轻，只是感动、流泪，现在我终于明白了：对于一个人来说，世界上最疼爱自己的那个人就是妈妈。而一旦这个世界上最疼爱自己的人去了，留在心底的与其说是无尽的悲伤，毋宁说是一种彻底的虚空。一个人失去了妈妈，就失去了自己的根，你知道你从此可以任意漂泊了，也从此不再害怕死亡。

可是，思念还是随时会在某一个不经意的时刻突然涌上心头，也许是上班路上一个妈妈送孩子上学的身影触动了你，也许是走过一家小店一阵食物的香味触动了你，也许是翻箱倒柜找一件衣服忽然看到妈妈给你做的冬衣触动了你……于是，不管你正在哪里，正在做什么，泪水都会汹涌而出，让你眼前的世界变成一片混沌。

后来，混沌的世界渐渐清晰，就会又想起泰戈尔的诗：

河流唱着歌很快地流去，冲破所有的堤防。但是山峰却留在那里，忆念着，满怀依依之情。

后记 苏霍姆林斯基，您鼓舞了我

寒假快结束时，照例与学校各部门讨论新学年的工作设想，我和同事们都深深感到，想做的事情太多，再加上上级部门布置的各项必须完成的工作，几乎每一个月，甚至每一周都排得满满当当。我提出一个观点：如果一项工作最终不是指向"人"，不是为了"人"的全面发展和终身发展，那么这项工作就应该坚决被砍掉，或者重新考虑工作定位。这样一来，原本纷繁复杂的工作计划就得到了重新梳理和整合，头绪减少了，目标清晰了，心中的焦虑也得到了缓解。

这是学校管理工作中一次非常平常的讨论，而在讨论中我和同事们达成的共识——教育是为了培养全面和谐发展的人，其实这是苏霍姆林斯基教育思想的核心观点，却早已照亮了我的教师生涯，像点点星光，无声地洒在无垠的原野。

遇见与追随：一线教师十三年

1991 年，我走上教师岗位，2002 年被评为特级教师，2004 年成为语文教研员，算起来有近十三年的一线教师经历。许多人讶异于我的成长速度之快，猜测我是否有什么过人的天赋，或者得到了什么特殊眷顾。其实，如果说我得到了什么特殊眷顾，那就是我在教师生涯的起始阶段就非常幸运地遇见了一个人，读到了一本书，而这个人就是苏霍姆林斯基，这本书就是他最著名的《给教师的建议》。

我曾不止一次地与青年教师朋友讲起我的经历，像许多中国教师一样，我也深受苏霍姆林斯基的影响，尤其是他的经典著作《给教师的建议》。在走上教师岗位的最初两年里，我从豪情万丈变得充满迷惘，无力感与挫败感一度淹没了我，我找不到方向，甚至动过离开的念头。但就在这时，我在学校阅览室里无意间遇见了苏霍姆林斯基，读到了他的《给教师的建议》。我第一次发现，教育可以作为一种信仰融入一个人的生命；第一次发现，做教师，哪怕是做一个小学老师、幼儿园老师，都会是一件非常美好的事情。我开始像苏霍姆林斯基那样写作大量教育日记，也写了许多教育教学类的小故事（后来我才知道这就是教育教学案例）。渐渐地，我观察学生的眼光发生了变化，我对课堂的思考也逐渐走向明晰和深入。这些又反过来让我的教育写作更加丰富、有力量。就这样，我开始了最初的教育叙事研究，而这些文字也成为我后来出版第一本教育专著的主要内容。

在做一线教师的十几年里，也正是一个青年教师逐渐成长、形成教育信仰与价值观的关键阶段，苏霍姆林斯基无数次将我从迷惘与困惑的泥潭中拉了出来。对我来说，他不仅是一位精神导师，甚至在许多教育教学的具体问题上，他的一系列百科全书似的著作都在不断地指引和教导着我。我发现，在基础教育领域中遇到的种种问题，在他的著作中几乎都可以找到答案，甚至可以找到非常具体的解决问题的策略与方法。他的著作中大量生动、鲜活的案例，成为解决教育问题的教科书，也成为我的教科书。

不仅如此，他让一个青年教师懂得了一个非常重要又非常素朴的道理：好老师都是为了爱孩子而来到这个世界上的人，而孩子们都只爱那些爱孩子的人，这是教育成功的前提和关键。否则，再多的智慧，再高明的技巧，都是徒劳。

沉潜与求索：教育研究十年功

做教研员之后，我有了更多的时间研读教育理论经典。当我读得越多，我愈加发现，由于苏霍姆林斯基的视野涵盖了基础教育的各个领域，回答了基础教育领域中教师可能面临的各种问题，因此他的著作也更有针对性和借鉴价值，甚至某些案例具备了很大程度的可操作性。而这是他区别于或者是超越于其他教育大家的地方。认识到这一点后，我重新研读了苏霍姆林斯基在国内出版的所有著作，以及大量关于苏霍姆林斯基教育思想的评述著作，并做了十几万字的读书笔记。同时，我更多地站在一个中国教师的立场，结合苏霍姆林斯基的教育思想，全面反思和梳理了当下中国教师所面临的种种问题，并试图寻找一些解决问题的方法和策略。这种研究改变了我的教研员生涯：我的研究视野逐渐超越了单纯的语文学科教学领域，转而朝向多方位、多板块、多主题的教育研究领域，并深深地沉潜其中，乐此不疲。

这种沉潜历时近十年，固然十分寂寞，但又无比美好。2009 年，我完成了《跟苏霍姆斯林斯基学当老师》一书；翌年，我又完成了《跟苏霍姆林斯基学当班主任》一书。这两本书一经问世，便受到一线教师的热烈欢迎，多次重印，成为教师用书市场上的一个奇迹。其实，真正让我自豪的是，当我阅读苏霍姆林斯基，写作这些与苏霍姆林斯基有关的文字，就是在与一颗伟大的心灵对话，他的著作中流淌在字里行间的悲悯的情怀，对心灵的关切，对人性的尊重，以及永不言弃的理想与信念，也深深地鼓舞着我：在这个世界上，教育这项工作固然充满了艰难和历险，但它是值得做的，因为当你把整个心灵献给孩子，你就一定能够找到每个人心底蕴藏着的宝藏，也一定能够想到办法去挖掘这些宝藏。

回归与前行：做校长数载忧欢

2013 年，在做了将近十年的语文教研员之后，我离开了教研室，来到学校做了校长。

为什么要做校长？这是许多朋友心中的疑问。其实，对我来说，做出这样的选择是非常自然的，苏霍姆林斯基不也从教育局局长的位置上退下来，来到帕夫雷什中学做校长了吗？真正的教育家应该生长在学校。这些年我研究苏霍姆林斯基教育思想，写作《跟苏霍姆林斯基学当老师》《跟苏霍姆林斯基学当班主任》这两本书，其实在我的心中早已种下了一个梦想——我要回到学校，回到教育的现场，我必须像苏霍姆林斯基那样，在最真实的教育现场中，让梦想的阳光照进现实。

感谢苏霍姆林斯基，他始终鼓舞着我，不仅给了我梦想的指引，也给了我行动的勇气。

我去的是一所普通学校，当时正面临发展的种种困难。我做校长后的第一件事便是打造"家校联盟"，开办家长学校，构建家长课程。有些朋友不理解我为什么不首先去抓教师队伍、课堂教学，不首先去搞一些能够让学校看起来马上"焕然一新"的项目，反而去做"家校联盟"这种十分繁难又很可能吃力不讨好的事情。这些年我研究苏霍姆林斯基的教育思想，对苏霍姆林斯基关于家校合作的教育思想深感认同。他说，教育学应当成为一门众人的科学——不论是教师还是家长，都应该懂得教育学。苏霍姆林斯基凭借着对教育高度的洞察力和对儿童成长规律的深切理解，看到了家庭教育、社会教育在儿童成长中的重要性，十分重视将学校教育和家庭教育、社会教育结合起来，尤其看重家庭教育对儿童成长的重要影响。他甚至认为学校里的一切问题都会在家庭里折射反映出来，学校在复杂的教育过程中产生的一切困难的根源都可以追溯到家庭。在这种思想的指导下，家长就作为一种非常重要的力量加入到教育中来，他们既是教育者，同时又是被教育者。

我做校长后另一个重要举措是将学校打造成了书籍的王国。这是苏霍姆林斯基对学校的描画，也成为我做校长的一个梦想。我和同事们创办了爱丽丝绘本馆，被朋友们誉为"国内最美的校园图书馆"，同时研发了爱丽丝绘本阅读课程。我们还在每一间教室、每一条走廊都摆放了孩子们爱读的书，让孩子们随时随地都能读到书。

支撑我克服困难、构建书籍王国的还是苏霍姆林斯基。他凭借多年的教育教学经验，发现了阅读与学习困难生之间的关系，认为阅读是对学习困难生进行智育的重要手段。阅读会让孩子们看到这个所生活的世界之中万物之间的复杂联系，并由此逐渐学会认识世界、认识别人、认识自己，智慧之门由此开启。因此，我在与学校老师一起讨论如何帮助那些学习困难生的时候，一个很重要的观点逐渐成为我们的共识：帮助学习困难生不是靠补课，也不是要求家长在周末一定要把孩子送去各种补习班，更不是布置大量的试卷让学生回家去做，而是强调让这些孩子大量地阅读，先从感兴趣的书籍入手，再逐步阅读那些有助于开启学生智慧的好书；不光是利用在学校的时间阅读，还要求家长参与进来，给孩子提供阅读的基本条件。我和家长聊天的时候，谈论比较多的话题也是如何提高孩子的阅读能力，以及孩子在家庭中读些什么书。当家长为孩子的学业成绩不理想而焦虑时，我们给出的重要建议也往往是阅读。

去年，我和同事们又创办了"功夫熊猫班"，旨在用快乐的身体游戏帮助一群肥胖的孩子减轻体重。同事们为此付出了许多辛劳，没有任何津贴，也不在上级部门对学校的评价指标之内，但我们都认可苏霍姆林斯基的观点，"对健康的关注是教育工作者的首要工作"，因此，"功夫熊猫班"坚持了下来，也得到了家长们由衷的感激。

这些努力让学校在短短几年内实现"逆袭"，成为一所教育质量优异并得到广泛认可的区域名校。许多人问我"成功"经验，其实若真有什么成功经验，那就是我比较成功地将这些年对苏霍姆林斯基教育思想的研究在学校教育工作中进行了尝试。苏霍姆林斯基始终引领着我，也鼓舞着我，我是跟着苏霍姆林斯基学当校长的。

希望我有幸所受的一切鼓舞，也能鼓舞到读到此书的您。

最后，感谢大夏书系对我的鼓舞。

闫 学

2016 年初夏于杭州良渚